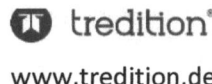

Prof. Dr. Jürgen Kemper

ARBEITSRECHT effektiv
Band 5
Teilband 1

Grundlagen des Bürgerlichen Rechts und des Arbeitsrechts

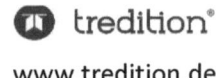

www.tredition.de

Prof. Dr. Kemper war über 20 Jahre als Repetitor, Rechtsanwalt und Fachanwalt für Arbeitsrecht tätig. Seit 2010 lehrt er an der Hochschule Hof Arbeitsrecht und Wirtschaftsprivatrecht.

© 2020 Prof. Dr. Jürgen Kemper

Verlag und Druck: tredition GmbH,
Halenreie 40-44, 22359 Hamburg

ISBN
978-3-347-02804-3 (Paperback)
978-3-347-02805-0 (Hardcover)
978-3-347-02806-7 (e-Book)

VORWORT

Band 1 der Reihe „ARBEITSRECHT effektiv" (Einführung in das Arbeitsrecht) dient der Vermittlung eines Grundverständnisses für die wichtigsten Fragestellungen des Individualarbeitsrechts. In Band 2 (Fallsammlung zum Individualarbeitsrecht) lernen Sie, diese Kenntnisse in klausurrelevanter Weise umzusetzen. Band 5 mit den Teilbänden 1 bis 3 steht inhaltlich zwischen den beiden vorgenannten Werken. Der vorliegende Band 5, Teilband 1, "Grundlagen des Bürgerlichen Rechts und des Arbeitsrechts", stellt zunächst die notwendigen Bezüge zwischen dem allgemeinen Zivilrecht und den Besonderheiten des Arbeitsrechts dar. Hiervon ausgehend werden vertieft die Parteien im Arbeitsrecht, das Zustandekommen von Arbeitsverträgen sowie die Problematik von Mängeln beim Abschluss eines Arbeitsvertrages behandelt. Band 5, Teilband 2, stellt den Inhalt von Arbeitsverträgen, die Problematik der Leistungsstörungen und die Haftungsverhältnisse im Arbeitsrecht dar. Band 5, Teilband 3, beschreibt die Möglichkeiten der Beendigung von Arbeitsverhältnissen (insbesondere das Kündigungsschutzrecht) und erläutert die Grundzüge des Arbeitsgerichtsverfahrens.

Wie in allen Bänden der Reihe „ARBEITSRECHT effektiv" helfen Ihnen auch im vorliegenden Band zahlreiche Tipps zu den "handwerklichen" Anforderungen an Klausuren bei der Umsetzung des erlernten Wissens. Zudem werden stets auch die Beziehungen zur Rechtswirklichkeit aufgezeigt. Dies erleichtert Ihnen den Transfer von theoretischem Wissen in die praktische Anwendung.

Das Buch richtet sich an Studierende des Studiengangs Wirtschaftsrecht, die das Wahl- bzw. Vertiefungsfach „Arbeitsrecht" belegen. Auch Studierende der Rechtswissenschaften, der Betriebswirtschaft, des Internationalen Managements oder der verschiedenen Masterstudiengänge Personal und Arbeit können sich mit dem Werk auf Prüfungen im Arbeitsrecht vorbereiten.

Zur besseren Lesbarkeit verzichte ich auf die gleichzeitige Verwendung männlicher, weiblicher bzw. sonstiger Sprachformen. Soweit möglich, gebrauche ich die in den jeweiligen Gesetzen enthaltene Bezeichnung. Alle Personenbezeichnungen gelten selbstverständlich für alle Geschlechter und sexuellen Orientierungen.

Das Werk habe ich mit der größtmöglichen Sorgfalt erstellt. Sollten Sie dennoch Fehler oder Unrichtigkeiten feststellen, wäre ich für einen Hinweis dankbar. Auch Verbesserungsvorschläge sind jederzeit willkommen.

Prof. Dr. Kemper

Inhaltsverzeichnis

3. Teil: Rechtsquellen des Arbeitsrechts ... 71

4. Teil: Parteien/Beteiligte im Arbeitsrecht ... 79

Abkürzungsverzeichnis

a. F.	alte Fassung
AG	Arbeitgeber
AGG	Allgemeines Gleichbehandlungsgesetz
Alt.	Alternative
AN	Arbeitnehmer
ArbG	Arbeitsgericht
ArbGG	Arbeitsgerichtsgesetz
ArbRAktuell	Arbeitsrecht Aktuell
BAG	Bundesarbeitsgericht
BBiG	Berufsbildungsgesetz
BetrVG	Betriebsverfassungsgesetz
BGB	Bürgerliches Gesetzbuch
BGH	Bundesgerichtshof
BV	Betriebsvereinbarung
BVerfG	Bundesverfassungsgericht
d. h.	das heißt
EBRG	Gesetz über Europäische Betriebsräte (Europäische-Betriebsräte-Gesetz)
EG	Europäische Gemeinschaft
etc.	et cetera
EU	Europäische Union
EuGH	Europäischer Gerichtshof
EUR	Euro
f., ff.	folgend(e)
gfl.	gegebenenfalls
GG	Grundgesetz
grds.	grundsätzlich

GVG	Gerichtsverfassungsgesetz
h. M.	herrschende Meinung
HOAI	Honorarordnung für Architekten und Ingenieure
HS	Halbsatz
i. d. R.	in der Regel
i. S. d.	im Sinne des/der
i. V. m.	in Verbindung mit
JuS	Juristische Schulung
KSchG	Kündigungsschutzgesetz
LG	Landgericht
LAG	Landesarbeitsgericht
MuSchG	Gesetz zum Schutz von Müttern bei der Arbeit, in der Ausbildung und im Studium (Mutterschutzgesetz)
m. w. Nw.	mit weiteren Nachweisen
Nr.	Nummer
NZA	Neue Zeitschrift für Arbeitsrecht
o. g.	oben genannt
OLG	Oberlandesgericht
PflegeZG	Gesetz über die Pflegezeit (Pflegezeitgesetz)
S.	Seite
SGB	Sozialgesetzbuch
sog.	sogenannte
TV	Tarifvertrag
TzBfG	Gesetz über Teilzeitarbeit und befristete Arbeitsverträge
u. a.	unter anderem

u. U.	unter Umständen
vgl.	vergleiche
WissZeitVG	Gesetz über befristete Arbeitsverträge in der Wissenschaft (Wissenschaftszeitvertragsgesetz)
z. B.	zum Beispiel
ZPO	Zivilprozessordnung

x

Literaturverzeichnis

Boecken/Joussen, Teilzeit- und Befristungsgesetz Handkommentar, Verlag Nomos, 6. A. 2019 (zitiert: Boecken/Joussen/*Bearbeiter*)

Däubler/Kittner/Klebe (Hrsg.), Betriebsverfassungsgesetz, Bund Verlag, 16. A. 2018 (zitiert: Däubler/*Bearbeiter*)

Düwell (Hrsg.), Betriebsverfassungsgesetz Handkommentar, 5. A. 2018, Nomos Verlagsgesellschaft (zitiert: HaKo-BetrVG/*Bearbeiter*)

Düwell, Kittner, Klebe (Hrsg.), Betriebsverfassungsgesetz, 4. A. 2014, Nomos Verlagsgesellschaft (zitiert: DKK/*Bearbeiter*)

Bader, Fischermeier, Gallner u. a., Gemeinschaftskommentar zum Kündigungsschutzgesetz und zu sonstigen kündigungsschutzrechtlichen Vorschriften, 12. A. 2019, Verlag Luchterhand (ztiert: Bader/*Bearbeiter*, KR)

Frank/Heine, Crowdworker mit einem Fuß im Arbeitsrecht?, NZA 2020, S. 292 ff

Fitting, Engels, Schmidt, Trebinger, Linsenmaier, Betriebsverfassungsgesetz, Verlag Vahlen, 29. A. 2018 (zitiert: *Fitting*)

Fleiner-Gerster, Wie soll man Gesetze schreiben?, Verlag Haupt, 1985

Germelmann, Matthes, Prütting, Müller-Glöge, Arbeitsgerichtsgesetz Kommentar, Verlag C. H. Beck, 9. A. 2017 (zitiert: Germelmann/*Bearbeiter*, ArbGG)

Heise, Agile Arbeit, Scrum und Crowdworking – New Work außerhalb des Arbeitsrechts?, NZA-Beilage 2019, S. 100 ff

Herberger/Martinek/Rüßmann/Weth/Würdinger (Hrsg.), jurisPK-BGB, 9. A. Stand: 01.02.2020 (zitiert: Herberger/*Bearbeiter*, jurisPK-BGB)

Hümmerich/Boecken/Düwell (Hrsg.), AnwaltKommentar Arbeitsrecht, Band 2, 2008, Deutscher Anwalt Verlag (zitiert: AnwK-ArbR/*Bearbeiter*)

Junker, Fälle zum Arbeitsrecht, Verlag C. H. Beck, 4. A. 2018

Kallwass/Abels, Privatrecht, Verlag Vahlen, 22. A., 2015

Kemper, Arbeitsrecht effektiv, Band 1, Einführung in das Arbeitsrecht, Verlag tredition, 2018

Kemper, Arbeitsrecht effektiv, Band 2, Fallsammlung, Verlag tredition, 2018

Kemper, Arbeitsrecht effektiv, Band 3, Arbeitnehmerüberlassungsrecht, Verlag tredition, 2019

Kemper, Arbeitsrecht effektiv, Band 4, Das Befristungsrecht, Verlag tredition, 2019

Kiel/Lunk/Oetker, Münchener Handbuch des Arbeitsrechts, Individualarbeitsrecht Band 1, Verlag C. H. Beck, 4. A. 2018 (zitiert: MüHdb ArbR/*Bearbeiter*)

Körlings, Das dritte Geschlecht und die diskriminierungsfreie Einstellung, NZA 2018, S. 282 ff

Langels. BGB AT 1, Die Rechtsgeschäftslehre, 1. Teilband, Eigenverlag, 7. A. 2017

Langels. BGB AT 2, Die Rechtsgeschäftslehre, 2. Teilband, Eigenverlag, 8. A. 2017

Lessmann, Die Irrtumsanfechtung nach BGB § 119, Die einzelnen Irrtumsarten dargestellt anhand von Fällen und Beispielen - Teil 1.2., JuS 1969, S. 478 ff

Möllers, Juristische Arbeitstechnik und wissenschaftliches Arbeiten, Verlag Vahlen, 9. A. 2018

Müller-Glöge, Preis, Schmidt (Hrsg.), Erfurter Kommentar zum Arbeitsrecht, Verlag C. H. Beck, 20. A. 2020, (zitiert: ErfK/*Bearbeiter*)

Palandt, Bürgerliches Gesetzbuch, Verlag C. H. Beck, 79. A. 2020 (zitiert: Palandt/*Bearbeiter*)

Payandeh, Rechtlicher Schutz vor rassistischer Diskriminierung, JuS 2020, S. 695 ff

Radbruch, Rechtsphilosophie, K. F. Koehler Verlag, 5. A. 1956, bearbeitet nach dem Tode des Verfassers von Dr. Erik Wolf

Richter, Die korrekte Berücksichtigung der Bewerbung behinderter Menschen, ArbRAktuell 2020, S. 129 ff

Schaub, Arbeitsrechts-Handbuch, Verlag C. H. Beck, 18. A. 2019 (zitiert: Schaub/*Bearbeiter)*

Schaub/Koch, Arbeitsrecht von A-Z, Verlag C. H. Beck, 24. A. 2020

Schwab/Weth (Hrsg.), Arbeitsgerichtsgesetz Kommentar, Verlag Otto Schmidt, 5. A. 2017 (zitiert: Schwab/*Bearbeiter*, ArbGG)

Tschöpe, Arbeitsrecht Handbuch, Verlag Dr. Otto Schmidt, 10. A. 2017 (zitiert: Tschöpe/*Bearbeiter)*

Ulber, Arbeitszeiterfassung als Pflicht des Arbeitgebers – Die Folgen der Entscheidung des EuGH in der Rechtssache CCOO, NZA 2019, S. 677 ff

Wedde, Arbeitsrecht, Kompaktkommentar zum Individualarbeitsrecht mit kollektivrechtlichen Bezügen, Bund Verlag, 7. A. 2020 (zitiert: Wedde/*Bearbeiter)*

Zippelius, Juristische Methodenlehre, Verlag C. H. Beck, 11. A. 2012

1. Teil: Einführung

A.   Die Arbeit mit diesem Werk

I.   Das Handwerk

Welche Lernmethode die effektivste ist, um sich den Inhalt dieses Skripts anzueignen, muss jeder für sich selbst herausfinden. Nach meinen Erfahrungen setzt effektives und effizientes Lernen und Behalten aber meist voraus, sich mehrfach und vor allem eigenständig mit dem Stoff auseinanderzusetzen bzw. zu beschäftigen. Ziel eines juristischen Studiums, sei es an einer Hochschule für angewandte Wissenschaften (Fachhochschule) im Studiengang Wirtschaftsrecht oder an der Universität im Studium der Rechtswissenschaften, ist es u. a., aufgrund des erworbenen Wissens in der Lage zu sein, praxisrelevante Rechtsfragen angemessen beantworten zu können. Niemand kann heute noch alle Einzelprobleme auch nur eines einzigen Rechtsgebiets kennen. Daher sollten Sie nicht den Fehler machen, sich den mutmaßlich prüfungsrelevanten Stoff ausschließlich in Form einer „Lernbulimie" anzueignen. Wichtig ist es vielmehr, die Strukturen und Grundlagen des jeweiligen Rechtsgebiets zu verstehen. Dann werden Sie auch in der Lage sein, sich schnell in vertiefende Themen einzuarbeiten und unbekannte Probleme in einer Klausur jedenfalls befriedigend lösen zu können.

II. Aufbau des Werkes

Band 1 der Reihe „ARBEITSRECHT effektiv" enthält die wichtigsten Grundlagen des Individualarbeitsrechts, die Sie in den ersten Semestern kennen müssen. In Band 2 lernen Sie die klausur- und prüfungsmäßige Anwendung dieser und weitergehender Kenntnisse, die Sie in höheren Semestern benötigen. Band 3 befasst sich mit dem Arbeitnehmerüberlassungsrecht, Band 4 erläutert das Befristungsrecht.

Der vorliegende Band 5, Teilband 1, stellt die für ein vertieftes Verständnis des Individualarbeitsrechts wichtigen Verknüpfungen und Beziehungen zum „allgemeinen" Bürgerlichen Recht dar. Denn bevor Sie sich mit Einzelproblemen des Arbeitsvertragsrechts befassen können, ist es notwendig, zumindest die Grundlagen des allgemeinen Zivilrechts zu kennen, die einen Bezug zum Arbeitsrecht haben. Dabei werden Sie auch, quasi nebenbei, schon einige Besonderheiten des Arbeitsrechts und deren Bezüge zur Praxis kennenlernen. Dieses Wissen erleichtert Ihnen das Verständnis für die „Eigenheiten" arbeitsrechtlicher Sachverhalte.

Anschließend werden Sie sich Kenntnisse über die wichtigsten Parteien in arbeitsrechtlichen Sachverhalten, das Zustandekommen von Arbeitsverträgen und über die Frage, welche Rechtsfolgen bei sog. fehlerhaften bzw. faktischen Arbeitsverhältnissen eintreten, aneignen. Diese Ausführungen vertiefen die in Band 1 dargestellten Grundsätze und befähigen Sie gleichzeitig, die entsprechenden schwierigeren Fälle in Band 2 zu bearbeiten.[1]

Die oben bereits erwähnte Notwendigkeit, sich mehrfach und unter verschiedenen Aspekten mit dem Stoff befassen zu müssen, wird Ihnen durch den weiteren Aufbau des Skripts erleichtert. Die Kapitel folgen, soweit eine solche Darstellungsweise sinnvoll ist, stets derselben Grundstruktur.

1. Inhaltliche Darstellung

Zunächst werden i. d. R. die Grundlagen und Strukturen des jeweiligen Themas, Problems oder Teilgebiets erläutert. Verstehen Sie diese Grundlagen nicht, werden Sie vielleicht mittels „Einpaukens" von Einzelproblemen in der Lage sein, eine Klausur (irgendwie) zu bestehen. Sie werden aber nicht fähig sein, komplexere Fragestellungen zu lösen. Dann werden wir tiefer in den Stoff einsteigen. Hier ist teilweise auch „Auswendiglernen" erforderlich. Meist werden Sie aber schon aufgrund des erworbenen Grundverständnisses in der Lage sein, die dargestellten Einzelprobleme jedenfalls in vertretbarer Weise zu lösen.

2. Vernetzung/Praxisbezug

Das so erworbene Wissen wird mit den bei Ihnen bereits vorhandenen Kenntnissen verknüpft. Es werden, sofern vorhanden, Bezüge zu vergleichbaren Problemen - gfl. auch in anderen Rechtsgebieten - hergestellt. Hierdurch findet eine weitere Verankerung statt. Da das Ziel nicht die sinnentleerte Anhäufung von Wissen ist, wird in diesem Schritt auch der Bezug des Erlernten zur Praxis

---

[1] Der Band 5 mit seinen Teilbänden stellt somit die „Brücke" zwischen der Einführung in das Arbeitsrecht (Band 1) und der Fallsammlung (Band 2) dar.

aufgezeigt.

3. Zusammenfassung

Die wichtigsten Inhalte des Erlernten werden nochmals zusammengefasst. So können Sie schnell und effektiv prüfen, ob Sie den Stoff präsent haben.

B. Die Arbeit mit dem Gesetz

Wer herausragende Noten bekommen möchte, muss sich mit den Grundlagen der juristischen Methodenlehre befassen.[2] Damit sind nicht nur „Techniken" bei der Lösung einer Klausur gemeint.[3] Notwendig sind vielmehr auch Kenntnisse über die Besonderheiten der Rechtssprache und insbesondere der Auslegung von Gesetzen. Die nachfolgenden Ausführungen können eine vertiefende Auseinandersetzung mit juristischer Methodik nicht ersetzen. Sie sollen aber einen Überblick über die wichtigsten Grundlagen rechtswissenschaftlicher Methoden geben und können gleichzeitig für Sie dazu dienen, einige wesentlichen Merkmale juristischer Arbeitstechniken zu wiederholen.

I. Rechtsnormen

Nach Auffassung der Philosophen in der Antike war das Recht

---

[2] Vgl. z. B. *Schwacke*, Juristische Methodik; *Zippelius*, Juristische Methodenlehre.
[3] Vgl. A. III. 3., 4.

eingebettet in eine unabänderbare Seinsordnung, in den sog. „nomos".[4] Im Mittelalter war man der Meinung, Recht werde nicht geschaffen oder gesetzt, sondern sei vielmehr vorgegeben. Mit der Entwicklung der Souveränitätsidee[5] setzte sich die Auffassung durch, maßgebliche Rechtsquelle sei allein das vom Souverän geschaffene Recht, das

► allgemein verbindliche Regelungen enthält,
► an eine unbestimmte Anzahl von Personen gerichtet ist
► und Geltung beansprucht, ohne dass der Normadressat damit einverstanden ist oder zugestimmt hat.[6]

II. Auslegungsmethoden

Normen enthalten i. d. R. Tatbestandsmerkmale (Voraussetzungen) und Rechtsfolgen. Enthält die Norm selbst eine Legaldefinition für Tatbestandsmerkmale, ist die Subsumtion unproblematisch. Oftmals ist jedoch nicht eindeutig erkennbar, was unter einem Tatbestandsmerkmal zu verstehen ist. Dies ist etwa der Fall bei unbestimmten Rechtsbegriffen, die entweder durch die Rechtsprechung und/oder durch Auslegung konkretisiert werden müssen.[7]

Beispiel
Der Begriff „unverzüglich" lässt grundsätzlich unterschiedliche Interpretationen zu. Er ist jedoch in § 121 BGB definiert als „ohne

---

[4] Vgl. *Kemper*, Überleitungsgerechtigkeit, S. 1, mit Hinweis auf *Fleiner-Gerster*, Wie soll man Gesetze schreiben?, S. 120.
[5] Vgl. *Zippelius*, Allgemeine Staatslehre, § 9.
[6] Zur Bedeutung von Rechtsnormen siehe weitergehend *Radbruch*, Rechtsphilosophie, S. 135 ff.
[7] Vgl. *Möllers*, Juristische Arbeitstechnik, § 3, II. 1.

schuldhaftes Zögern". Was ein „wichtiger Grund" i. S. d. § 626 Abs. 1 BGB ist, wird in der Norm nicht näher beschrieben. Es handelt sich um einen unbestimmten Rechtsbegriff, der von der Rechtsprechung durch eine zweistufige Prüfung konkretisiert worden ist.[8]

Gemäß § 14 Abs. 1 S. 1 TzBfG ist die Befristung eines Arbeitsverhältnisses zulässig, wenn ein Sachgrund vorliegt. § 14 Abs. 2 S. 2 TzBfG enthält Beispiele, bei denen „insbesondere" ein Sachgrund vorliegt. Auch wenn dieser Katalog schon eine nähere Einordnung zulässt, stellt er keine Definition des unbestimmten Rechtsbegriffs „Sachgrund" dar. Die Formulierung „insbesondere" zeigt, dass es auch noch andere Sachgründe geben kann. Er bedarf daher einer durch Auslegung vorzunehmenden Begriffsbestimmung.[9]

Die wichtigsten Auslegungsmethoden sind:

1. Grammatikalische Auslegung

Diese Methode setzt am Wortlaut an. Was ist nach allgemeinem und juristischem Verständnis unter einem Begriff oder einer Norm zu verstehen? Was sind Sprachgebrauch und sprachlicher Textzusammenhang?

2. Systematische Auslegung

Die systematische Auslegung orientiert sich an der Stellung der Norm im Gesetz. In welchem Abschnitt des Gesetzes steht die Norm? Wie lauten die Überschriften dieses Abschnitts? Wie ist das Verhältnis der Normen zueinander?

3. Historische Auslegung

Hier wird z. B. die Entstehungsgeschichte der Norm betrachtet.

---

[8] Zur Systematik und zur Kritik an diesem Vorgehen vgl. ErfK/*Müller-Glöge*, § 626 Rn. 14 ff.
[9] So ErfK/*Müller-Glöge*, § 14 Rn. 4; Wedde/*Schertel*, § 14 TzBfG Rn. 2.

Dafür ist oftmals ein Blick in die Gesetzesentwürfe notwendig. In einer Klausur werden Sie diese Auslegungsmethode folglich nicht anwenden können, es sei denn, Sie kennen die Entwicklungsgeschichte eines Gesetzes.

4. Teleologische Auslegung

Bei dieser Form der Auslegung knüpft man an Sinn und Zweck der Regelung an. Was will der Gesetzgeber mit der Norm, ggf. mit dem gesamten Gesetz erreichen? Auch hier ist im Zweifel eine Prüfung der Gesetzesentwürfe notwendig.

III. Analogien

Finden Sie in der Klausur keine auf den Sachverhalt passende Norm, kommt die entsprechende, analoge Anwendung einer anderen Norm in Betracht.

Beispiel
Bei der sog. privilegierten Arbeitnehmerhaftung gibt es keine direkt anwendbare Vorschrift, aufgrund derer ein mitverantwortliches Verhalten des Arbeitgebers berücksichtigt werden kann. Über § 254 BGB analog muss sich der Arbeitgeber aber die Betriebsgefahr seines Unternehmens anrechnen lassen.[10]

Voraussetzungen für einen solchen Analogieschluss sind:

▶ eine Regelungslücke, d. h. der Sachverhalt kann nicht unter eine bestimmte Norm subsumiert werden,

▶ die Lücke muss planwidrig sein, d. h. der Gesetzgeber darf

---

[10] Vgl. ErfK/*Preis*, § 619a BGB, Rn. 10.

das Nichtregeln des Sachverhalts nicht „absichtlich gemacht" haben; anders ausgedrückt: der Gesetzgeber hat übersehen, dass es diese Lücke gibt und

▶ der nicht geregelte und der geregelte Sachverhalt müssen miteinander vergleichbar sein.

C. Die Fallbearbeitung im Arbeitsrecht

I Fallfragen/Bearbeitungshinweise

Die typische arbeitsrechtliche Klausur fordert meist nicht die Beantwortung theoretischer Fragen oder die bloße Wiedergabe von Wissen, sondern die Bearbeitung und Lösung eines konkreten Sachverhalts. Eine solche Klausurgestaltung hat den Vorteil, dass durch das Verständnis für juristisches Arbeiten und Aufbautechniken eine Lösung auch dann gelingen kann, wenn der Sachverhalt unbekannt ist.[11]

Häufige Fragestellungen in arbeitsrechtlichen Klausuren sind z. B.:

> *"Hat die Kündigungsschutzklage Aussicht auf Erfolg?"*[12]
> *„Ist die Kündigung wirksam?"*
> *„Sie sind Leiterin der Personalabteilung. Prüfen Sie, ob das Arbeitsverhältnis außerordentlich gekündigt werden kann."*
> *„Hat ... gegen ... Anspruch auf ...?"*
> *"Ist die Befristung des Arbeitsvertrages vom ... wirksam?"*

---

[11] Zur juristischen Aufbautechnik vgl. *Kallwass/Abels*, Privatrecht, § 123.
[12] Die Prüfung der Zulässigkeit einer Klage ist im Studium der Rechtswissenschaften obligatorisch. Klausuren im Studiengang Wirtschaftsprivatrecht enthalten eine solche Anforderung i. d. R. nicht. Wenn doch, lautet die Fallfrage meist: *„Ist die Klage zulässig und begründet?"* Achten Sie aber immer auf die konkreten Bearbeitungshinweise.

*„Hat eine Klage auf Feststellung des Bestehens eines unbefriste-
ten Arbeitsverhältnisses Aussicht auf Erfolg?"*
*„Ist eine sachgrundlose Befristung des Arbeitsverhältnisses zuläs-
sig?"*

Auch wenn Ihnen andere Fragen viel interessanter erscheinen
und Sie diese auch viel besser beantworten könnten - beantworten Sie nur die Fallfrage. Machen Sie keine ausschweifenden the-
oretischen Ausführungen zu Fragen, die nicht entscheidungser-
heblich (für die Lösung des Falls) sind. Aus der Fragestellung lei-
ten sich vielfach auch Aufbau und anzuwendende Rechtsnormen
ab.

Klausurtipp
Bei sog. Anspruchsklausuren („Hat ... gegen ... einen Anspruch
auf ...") bietet sich eine Unterteilung der Prüfung an in:

▶ Anspruch entstanden?
▶ Anspruch erloschen?
▶ Anspruch durchsetzbar?

Die Frage nach der Wirksamkeit einer Kündigung stellt keine Anspruchsklausur dar. Die Prüfung erfolgt anhand des noch darzu-
stellenden Prüfungsschemas.

Neben der Bearbeitung eines Falls können Teile der Klausur auch
ergänzende Einzelfragen sein. Diese werden Sie meist durch das
in den Vorlesungen und bei der Lösung von Klausuren erworbene
Wissen beantworten können.

II. Erfassen des Sachverhalts

Lesen Sie den Sachverhalt mindestens zweimal, besser dreimal.
In komplexen Fällen sollten Sie eine Zeitschiene fertigen, aus der

Sie den Ablauf der Geschehnisse mit einem Blick erfassen können. Während des Lesens des Sachverhalts sollten Sie sich bereits erste Ideen notieren. Der Sachverhalt darf grundsätzlich nicht verändert werden. Machen Sie also keine „Sachverhaltsquetsche", d. h. biegen Sie sich den Sachverhalt nicht so hin, dass er auf das von Ihnen erworbene Wissen passt.

III. Auffinden der richtigen Normen

Haben Sie den Sachverhalt vollständig erfasst, bereitet das Auffinden der richtigen Normen meist kein großes Problem. Oft ergeben sich die anzuwendenden Vorschriften bereits aus der Fallfrage selbst.

„Hat AG gegen AN Anspruch auf Schadensersatz?"[13]

Inhaltlich geht es bei dieser Frage um einen Schadensersatzanspruch aus dem Arbeitsvertrag. Durch einen Blick in das Gesetz werden Sie schnell den vertraglichen Anspruch aus § 280 Abs. 1 BGB i. V. m. dem Arbeitsvertrag sowie den deliktsrechtlichen Anspruch der §§ 823 ff BGB finden.

Sollten Sie nicht genau wissen, welche Norm einschlägig sein könnte, nutzen Sie im Zweifel das Stichwortverzeichnis der Gesetzessammlung. Hilfreich kann auch das Inhaltsverzeichnis des anzuwendenden Gesetzes sein.[14] Prüfen Sie vorsorglich auch ei-

---

[13] Hier handelt es sich um eine sog. Anspruchsklausur.
[14] Bei Gesetzessammlungen (z. B. die DTV-Ausgaben zum Arbeitsrecht) fehlt allerdings i. d. R. das Inhaltsverzeichnis.

nige Vorschriften vor und nach der anzuwendenden Norm. Hieraus ergibt sich häufig der Kontext der Regelung.

IV. Subsumtion

Unter Subsumtion versteht man die Prüfung, ob ein Sachverhalt die Tatbestandsvoraussetzungen einer Rechtsnorm erfüllt.[15] Sie "pendeln" also zwischen Sachverhalt und Rechtsnorm hin und her.[16] Sind die Tatbestandsvoraussetzungen erfüllt, ergibt sich die in der jeweiligen Norm bestimmte Rechtsfolge („wenn ... dann ...").

> **Beispiel**
> § 611a Abs. 1 BGB enthält die Tatbestandsmerkmale für einen Arbeitsvertrag. In der Klausur sind Angaben enthalten, die Sie daraufhin prüfen müssen, ob die Tatbestandsmerkmale *„im Dienste eines anderen zur Leistung weisungsgebundener, fremdbestimmter Arbeit in persönlicher Abhängigkeit"* erfüllt sind. Ist das der Fall, liegt als Rechtsfolge ein Arbeitsvertrag vor.

V. Lösungsskizze

Als Faustregel gilt, dass 1/4 - 1/3 der zur Verfügung stehenden Zeit für die Sachverhaltserfassung und Gliederung bzw. Lösungsskizze verwendet werden sollte. Der Rest steht für Ausformulierung und nochmaliges Lesen sowie Kontrollieren der Lösung zur Verfügung. Die Lösungsskizze ist das „Drehbuch" für Ihre Klausur. Je besser die Lösungsskizze ist, desto besser wird die Klausur

---

[15] Zur Subsumtionstechnik vgl. weitergehend *Möllers*, Juristische Arbeitstechnik, § 2 2. c).
[16] Meist ist es sinnvoll, die unproblematischen Voraussetzungen bzw. Tatbestandsmerkmale zuerst zu prüfen.

sein. Die Lösungsskizze müssen Sie nicht mit der Klausur abgeben. Sollten Sie in Zeitprobleme kommen und die Klausur nicht vollständig lösen können, kann die Beifügung der Lösungsskizze aber sinnvoll sein.

Nutzen Sie bei der Lösungsskizze zur Zeitersparnis Abkürzungen für immer wieder auftauchende Begriffe. Abkürzungen könnten z. B. sein:

▶ Betriebsrat = BR
▶ Arbeitnehmer = AN
▶ Arbeitgeber = AG
▶ Arbeitsvertrag = AV
▶ außerordentliche Kündigung = aoK
▶ ordentliche Kündigung = oK
▶ verhaltensbedingte Kündigung = vbK
▶ Arbeitnehmerüberlassung = AÜ
▶ § 626 Abs. 2 BGB = § 626 II BGB.

Ob Sie solche Abkürzungen auch in der ausformulierten Klausur verwenden dürfen, erfragen Sie am besten in Ihrer Vorlesung.[17]

VI.   Ausformulierung der Klausur

Bei der Ausformulierung der Klausur beachten Sie bitte die Formalien, z. B. *"Blätter nur einseitig beschreiben"* oder *„Korrekturrand 5 cm"*. Bemühen Sie sich um eine lesbare Schrift, da nicht lesbare

---

[17] Zur besseren Lesbarkeit wird in den nachfolgenden Ausführungen auf Abkürzungen weitgehend verzichtet.

Teile i. d. R. nicht bewertet werden können. Beachten Sie, dass nicht nur die Lösung selbst, sondern auch die äußere und innere Gestaltung der Fallbearbeitung relevant ist. Eine klare, nachvollziehbare Gedankenführung spiegelt sich in der Form der Arbeit wider. Vielfach bieten sich auch kurze Überschriften an, die dem Korrigierenden den Überblick erleichtern. Juristische Klausuren werden grundsätzlich in ganzen Sätzen gelöst und nicht nur durch stichwortartige Begriffe.[18] Bemühen Sie sich um objektive und sachliche Begründungen. Vermeiden Sie möglichst Bandwurmsätze.[19]

Setzen Sie die richtigen Schwerpunkte. Bearbeiten Sie nur das, was für die Beantwortung der Fallfrage notwendig ist. So sollten Sie sich etwa mit dem Sonderkündigungsschutz für Betriebsräte nur dann beschäftigen, wenn es hierfür Anhaltspunkte im Sachverhalt gibt. Legen Sie das Schwergewicht der Argumentation auf die zentralen Probleme.

VII. Gutachten- oder Urteilsstil?

Gutachten- und Urteilsstil[20] sind Begriffe für unterschiedliche juristische Arbeitstechniken. In den praxisorientierten Studiengängen an Fachhochschulen, wie z. B. Wirtschaftsprivatrecht oder Betriebswirtschaftslehre, wird meist nicht verlangt, eine Klausur vollständig im Gutachtenstil zu lösen. Dennoch sollten Sie zeigen, dass Sie die Probleme des Falls und deren Gewichtung erkennen.

---

[18] Beachten Sie auch hierzu die Hinweise zu den Formalien in der Arbeit.
[19] Zur Klausurtechnik vgl. auch Junker, Fälle zum Arbeitsrecht, S. 1 - 25.
[20] Ausführlich zur Unterscheidung von Gutachten- und Urteilsstil *Möllers*, Juristische Arbeitstechnik, § 4 3. d).

Diese Möglichkeit bietet Ihnen der Gutachtenstil. Beim Gutachtenstil beginnt man mit dem, was man eigentlich prüfen will:

> *„Fraglich ist, ob die Kündigung wirksam ist ...?"*
> *„Problematisch ist zunächst, ob die Kündigung vom Kündigungsberechtigten unterzeichnet wurde."*
> *„Es fragt sich jedoch, ob der Betriebsrat ordnungsgemäß angehört wurde. Voraussetzung hierfür ist zunächst ..."*
> *„Problematisch ist, ob eine Zuvorbeschäftigung i. S. d. § 14 Abs. 2 S. 2 TzBfG vorliegt."*

Dann folgen die eigentliche Prüfung und schließlich das Ergebnis, z. B.:

> *„Somit ist der Betriebsrat ordnungsgemäß angehört worden."*
> *„Somit ist eine sachgrundlose Befristung nach § 14 Abs. 1 S. 1 TzBfG möglich."*

Beim Urteilsstil wird das Ergebnis vorangestellt, sodann folgt die eigentliche Prüfung. Entscheidungen von Gerichten sind stets im Urteilsstil verfasst. Dementsprechend lauten die Formulierungen hier:

> *„Die Kündigung ist unwirksam."*
> *„Die Kündigung wurde vom Kündigungsberechtigten unterzeichnet."*
> *„Der Betriebsrat wurde ordnungsgemäß angehört."*
> *„Zwischen den Parteien hat bereits zuvor ein Arbeitsverhältnis i. S. d. § 14 Abs. 2 S. 2 TzBfG bestanden."*

Gute Klausuren zeichnen sich dadurch aus, dass der Verfasser das juristische „Handwerk" beherrscht und die Probleme und Schwerpunkte der Klausur erkennt. Beginnen Sie daher alle Klausuren mit einem Obersatz, der in die weitere Prüfung einleitet:

> *„Die Kündigungsschutzklage hat Aussicht auf Erfolg, wenn sie zulässig und begründet ist."*
> *„AG könnte gegen AN einen Anspruch auf Schadensersatz gemäß § 280 Abs. 1 BGB i. V. m. § 611a lAbs. 1 BGB haben."*
> *„Die Befristung ist wirksam, wenn sie formgerecht und auch im Übrigen zulässig ist."*

Unproblematisches oder Unwesentliches können Sie im Urteilsstil lösen:

> *„Zwischen den Parteien besteht ein Arbeitsverhältnis, somit ein Schuldverhältnis i. S. d. § 280 Abs. 1 BGB."*

WICHTIG

In Klausuren müssen Sie in der Lage sein, („nur") mit dem Gesetz zu arbeiten. Die Arbeit mit dem Gesetz lernen Sie aber nur durch Übung. Lesen Sie deshalb jede Norm, die im vorliegenden Skript genannt wird, sorgfältig durch.

2. Teil: Grundlagen des BGB

A.   Einführung

Eine auch nur annähernd vollständige Darstellung der Grundlagen des BGB ist hier nicht möglich. Nachfolgend werden daher nur die wichtigsten Vorschriften behandelt, die für das Arbeitsrecht von Bedeutung sind bzw. solche, bei denen in arbeitsrechtlichen Sachverhalten eine abweichende Bewertung notwendig ist. Dementsprechend beschreiben die nachfolgenden Ausführungen in diesem Teil:

▶ das Verhältnis des Bürgerlichen Rechts zum Arbeitsrecht,
▶ die Struktur des BGB,
▶ eine Beschreibung der Formvorschriften für den Abschluss von Rechtsgeschäften,
▶ eine Erläuterung der Folgen von Willensmängeln (Anfechtung),
▶ den Dienstvertrag gemäß §§ 611ff BGB,
▶ die Rechtsfolgen von Leistungsstörungen beim Dienstvertrag,
▶ die Möglichkeiten zur Beendigung von Dienstverträgen.

Damit Sie die Einbindung dieser Regelungen in das System des Arbeitsrechts besser einordnen können, erfolgt, soweit sinnvoll, jeweils im Anschluss an die Darstellung der BGB-Vorschriften ein Hinweis auf ggf. abweichende arbeitsrechtliche Besonderheiten. Diese arbeitsrechtlichen Besonderheiten werden dann in den nachfolgenden Teilen vertieft.

B. Verhältnis Bürgerliches Recht und Arbeitsrecht

I. Das Arbeitsrecht als Sonderprivatrecht

Das Arbeitsrecht gehört, ebenso wie z. B. das Handelsrecht, zum sog. Sonderprivatrecht.[21] Es unterfällt grundsätzlich dem Anwendungsbereich des BGB, sofern nicht speziellere arbeitsrechtliche Regelungen eingreifen. Es gelten also prinzipiell die Regelungen des Allgemeinen Teils des BGB (Buch 1) sowie des Allgemeinen Schuldrechts und einzelne Vorschriften des Besonderen Schuldrechts, insbesondere die §§ 611 ff BGB (Buch 2).

Beispiel
Erbringt bei einem gegenseitigen Vertrag der Schuldner eine fällige Leistung nicht oder nicht vertragsgemäß, kann der Gläubiger, wenn er dem Schuldner erfolglos eine angemessene Frist zur Leistung oder Nacherfüllung bestimmt hat, gemäß § 323 Abs. 1 BGB vom Vertrag zurücktreten.

Besonderheiten im Arbeitsrecht
Ein Rücktritt von einem Arbeitsvertrag ist nicht möglich. An die Stelle des Rücktrittsrechts nach dem BGB tritt für das Arbeitsrecht das Recht zur Kündigung des Arbeitsverhältnisses.

II. Vernetzung/Praxisbezug

Die Unterscheidung zwischen dem Arbeitsrecht als Sonderprivatrecht und dem „normalen" Bürgerlichen Recht wirkt sich auch auf die Zuständigkeit der Gerichte aus. Bei welchem Gericht müssen Sie Klage erheben, wenn es um eine arbeitsrechtliche Streitigkeit geht?

---

[21] Zur Abgrenzung Bürgerliches Recht und Sonderprivatrecht vgl. weitergehend *Müssig*, Wirtschaftsprivatrecht, 2.3, 2.4.

Vor die ordentlichen Gerichte gehören gemäß § 13 GVG die bürgerlichen Rechtsstreitigkeiten,[22] für die nicht auf Grund von Vorschriften des Bundesrechts besondere Gerichte bestellt oder zugelassen sind. Die ordentliche Gerichtsbarkeit wird von Amtsgerichten (AG), Landgerichten (LG) und Oberlandesgerichten [23] (OLG) ausgeübt. Oberster Gerichtshof ist der Bundesgerichtshof (BGH). Die Arbeitsgerichtsbarkeit ist in Art. 95 Abs. 1 GG als selbstständige Gerichtsbarkeit mit institutioneller Bestandsgarantie genannt.[24] Die Zuständigkeit der Arbeitsgerichte als Fachgerichte ergibt sich aus den §§ 2, 3 ArbGG.

Beispiel
Sie haben Ihrem Freund ein Darlehen gewährt. Als dieser das Geld nach Fälligkeit nicht zurückzahlen will, klagen Sie. Diese Streitigkeit wird nach den verfahrensrechtlichen Regelungen der ZPO vor den Zivilgerichten ausgetragen.[25] Welches Eingangsgericht (Amts- oder Landgericht) zuständig ist, hängt vom sog. Streitwert ab, also von dem Betrag, den Sie von Ihrem Freund zurückfordern. Die entsprechenden Regelungen finden Sie in § 23 GVG.

Besonderheiten im Arbeitsrecht
Sie sind Arbeitgeberin und gewähren Ihrem Arbeitnehmer mit Rücksicht auf den Arbeitsvertrag ein Darlehen. Als der Arbeitnehmer das Arbeitsverhältnis kündigt und das Darlehen nach Fälligkeit nicht zurückzahlen will, klagen Sie. §§ 2, 2a, 3 ArbGG regeln, in welchen Arbeitssachen i. S. d. § 1 ArbGG die Arbeitsgerichte zuständig sind. Für die in § 2 ArbGG aufgeführten Sachverhalte

---

[22] Vgl. zur Frage der Zuständigkeiten den vollständigen Text des § 13 GVG.
[23] Das OLG heißt in Berlin Kammergericht (KG).
[24] So Schwab/*Liebscher*, ArbGG, § 1 Rn. 1 ff.
[25] Die ordentliche Gerichtsbarkeit wird gemäß § 12 GVG durch Amtsgerichte, Landgerichte, Oberlandesgerichte und durch den Bundesgerichtshof (den obersten Gerichtshof des Bundes für das Gebiet der ordentlichen Gerichtsbarkeit) ausgeübt. Bei dem Streit aus einem Kaufvertrag handelt es sich um eine bürgerliche Rechtsstreitigkeit i. S. d. § 13 GVG.

sind die Arbeitsgerichte ausschließlich zuständig.[26] Zwischen Arbeitgeberdarlehen und Arbeitsvertrag besteht ein wirtschaftlicher Zusammenhang. Ein solcher ist immer dann gegeben, wenn der Anspruch in rechtlichem oder unmittelbar wirtschaftlichem Zusammenhang steht. *„Ein rechtlicher Zusammenhang mit dem Arbeitsverhältnis besteht, wenn der Anspruch auf dem Arbeitsverhältnis beruht oder durch dieses bedingt ist."*[27] Dies ist der Fall, wenn es um ein dem Arbeitnehmer vom Arbeitgeber mit Rücksicht auf das Arbeitsverhältnis gewährtes Darlehen geht. Bei Ihrer Klage auf Rückzahlung des Darlehens handelt es sich daher um eine bürgerliche Rechtsstreitigkeit zwischen Arbeitnehmer und Arbeitgeber gemäß § 2 Nr. 4 a) ArbGG, für die die Arbeitsgerichtsbarkeit ausschließlich zuständig ist. Das Eingangsgericht ist unabhängig vom Streitwert das Arbeitsgericht.

III. Zusammenfassung

Das Arbeitsrecht gehört zum sog. Sonderprivatrecht. Es unterfällt grundsätzlich dem Anwendungsbereich des BGB, soweit das BGB nicht durch speziellere arbeitsrechtliche Regelungen verdrängt wird.

Diese Stellung im System des Zivilrechts wirkt sich u. a. auch auf die Frage aus, welches Gericht für Streitigkeiten zuständig ist. Für die Arbeitsgerichtsbarkeit sind die zusätzlichen Regelungen im ArbGG zu beachten.

---

[26] So Germelmann/*Matthes*, ArbGG, § 2 Rn. 2.
[27] BAG vom 03.02.2014, 10 AZB 77/13.

C. Struktur des BGB

I. Aufbau des BGB

Das BGB ist in fünf Bücher unterteilt. Der Gesetzgeber hat die für nachfolgenden Bücher geltenden wesentlichen Vorschriften in Buch 1 (§§ 1 - 240 BGB), dem allgemeinen Teil, „vor die Klammer gezogen".

Beispiel

Gemäß § 186 BGB gelten für die in Gesetzen, gerichtlichen Verfügungen und Rechtsgeschäften enthaltenen Frist- und Terminbestimmungen die Auslegungsvorschriften der §§ 187 bis 193 BGB. Ist für den Anfang einer Frist ein Ereignis oder ein in den Lauf eines Tages fallender Zeitpunkt maßgebend, so wird bei der Berechnung des Fristbeginns nach § 187 Abs. 1 BGB der Tag nicht mitgerechnet, in welchen das Ereignis oder der Zeitpunkt fällt. Die §§ 187 ff BGB gelten grundsätzlich für das gesamte Bürgerliche Recht, sofern keine Sondervorschriften bestehen.[28] Daher gilt z. B. für die Berechnung des Fristbeginns der in § 355 Abs. 2 BGB enthaltenen Widerrufsfrist § 187 Abs. 1 BGB.

Gemäß § 4 S. 1 KSchG muss innerhalb von drei Wochen nach Zugang einer Kündigung Klage beim Arbeitsgericht erhoben werden. Diese Drei-Wochen-Frist ist nach den §§ 187 Abs.1, 188 Abs. 2 Alt. 1 BGB zu berechnen. Erfolgt z. B. der Zugang an einem Donnerstag, wird bei der Berechnung des Fristbeginns der Donnerstag nicht mitgerechnet, § 187 Abs. 1 BGB. Fristbeginn ist also Freitag. Die Feststellung des Endes der Drei-Wochen-Frist erfolgt nach § 188 Abs. 2 Alt. 1 BGB. Fristende ist danach der Ablauf desjenigen Tages der letzten Woche, welcher durch seine Benennung dem Tag entspricht, in den das Ereignis oder der Zeitpunkt fällt. Die Frist zur Erhebung der Kündigungsschutzklage endet hier also mit Ablauf von drei Wochen an einem Donnerstag.[29]

---

[28] Palandt/*Ellenberger*, BGB, § 186 Rn. 2.
[29] Für die Berechnung der Frist nach § 4 S. 1 KSchG ist weiterhin § 193 BGB zu beachten. Endet die Frist an einem Samstag, Sonntag oder gesetzlichen Feiertag, tritt an die Stelle eines solchen Tages der nächste Werktag.

Im Buch 2 (Recht der Schuldverhältnisse, §§ 241 - 853 BGB) verwendete der Gesetzgeber dieselbe Regelungstechnik wie im Buch 1. Die §§ 241 - 432 BGB enthalten das allgemeine Schuldrecht, das, „vor die Klammer gezogen", für alle besonderen Schuldverhältnisse (§§ 433 - 853 BGB) gilt, sofern diese keine abweichenden Regelungen enthalten.

Beispiel
Die §§ 305 - 310 BGB regeln die Gestaltung rechtsgeschäftlicher Schuldverhältnisse durch Allgemeine Geschäftsbedingungen. Liegen Allgemeine Geschäftsbedingungen vor, so ist eine Inhaltskontrolle anhand der §§ 305 ff BGB vorzunehmen - dies gilt unabhängig davon, ob es sich um einen Kauf-, einen Miet- oder einen sonstigen Vertrag handelt.

Besonderheiten im Arbeitsrecht
Bei der Anwendung der §§ 305 ff BGB auf Arbeitsverträge sind gemäß § 310 Abs. 4 S. 2 BGB die im Arbeitsrecht geltenden Besonderheiten zu berücksichtigen; § 305 Abs. 2, 3 BGB ist nicht anzuwenden. Zudem finden die §§ 305 ff BGB auf Tarifverträge, Betriebs- und Dienstvereinbarungen keine Anwendung, § 310 Abs. 4 S. 1 BGB.[30]

Die Bücher 3 - 5 betreffen das Sachen-, Familien- und Erbrecht und werden i. d. R. im Arbeitsrecht nicht relevant.

II. Vernetzung/Praxisbezug

Sie haben sich in den Grundlagenvorlesungen zum Wirtschaftsprivatrecht oder Bürgerlichen Recht sicherlich schon mit

---

[30] Zu den Einzelheiten der Inhaltskontrolle von Arbeitsverträgen, Tarifverträgen, Betriebs- und Dienstvereinbarungen vgl. weitergehend ErfK/*Preis*, §§ 305-310 BGB, Rn. 8 ff.

dem Aufbau des BGB befasst. In Ihrer späteren Berufspraxis sind diese Kenntnisse und insbesondere das Verständnis der Vorschriften über die Berechnung von Fristen unerlässlich.

Beispiele

Ihr Arbeitsverhältnis wird von Ihrem Arbeitgeber ordentlich gekündigt. Sie ärgern sich zwar hierüber, wollen aber erst einmal in Ruhe darüber nachdenken, wie Sie darauf reagieren. Diese Ruhe endet vier Wochen nach Zugang der Kündigung. Sie wollen sich gegen die Kündigung wehren und erheben Klage vor dem zuständigen Arbeitsgericht. Im sog. Gütetermin erklärt Ihnen die Richterin Inhalt und Sinn der §§ 4, 7 KSchG und dass Sie innerhalb von drei Wochen nach Zugang der Kündigung hätten Klage erheben müssen. Diese Frist hätten Sie nicht eingehalten, so dass nach § 7 KSchG die Kündigung von Anfang rechtswirksam sei. Die Richterin empfiehlt Ihnen, die Klage zurückzunehmen.

An Ihrem ersten Arbeitstag in der Personalabteilung Ihrer Arbeitgeberin sollen Sie die außerordentliche, hilfsweise ordentliche Kündigung eines Arbeitnehmers vorbereiten. Dieser hatte vor fünf Tagen - trotz vorheriger Abmahnungen - erneut Material aus einem Lager entwendet. In den nächsten 10 Tagen prüfen Sie sehr akribisch, was bei einer außerordentlichen Kündigung zu beachten ist. Dann fällt Ihnen noch ein, dass bei Kündigungen der Betriebsrat anzuhören ist. 17 Tage nach der Kenntnis vom Diebstahl legen Sie der Leiterin der Personalabteilung stolz Ihre Ergebnisse der Prüfung vor. Diese fragt Sie, ob Sie schon einmal von der Kündigungserklärungsfrist des § 626 Abs. 2 BGB gehört hätten. Die Frist sei nun verstrichen, eine außerordentliche Kündigung habe keine Aussicht auf Erfolg.

In den vorstehend geschilderten Sachverhalten ist es eindeutig, dass die relevanten Fristen verstrichen waren. In Ihrer späteren beruflichen Praxis werden Sie aber häufig sehr genau prüfen müssen, wann eine Frist beginnt und wann sie endet. Im Arbeitsrecht gelten grds. die Vorschriften des BGB, soweit diese nicht durch speziellere arbeitsrechtliche Regelungen verdrängt werden. Weder im ArbGG noch im KSchG finden Sie solche spezielleren Vorschriften. Es gelten also die allgemeinen Normen im BGB über „Fristen und Termine", die §§ 186 ff BGB. Die Berechnung der in § 626 Abs. 2 BGB enthaltenen Zweiwochenfrist erfolgt somit nach den §§ 186 ff BGB. Dies heißt konkret, dass der Tag der Kenntnisnahme des Kündigungsberechtigten von den maßgebenden Tatsachen nach § 187 Abs. 1 BGB nicht mitgerechnet wird. Nach § 188 Abs. 2 S. 1 Alt. 1 BGB endet die Zweiwochenfrist mit Ablauf desjenigen Tages, der durch seine Benennung dem Tag entspricht, an dem der Kündigungsberechtigte diese Kenntnis erlangt hat.[31]

III. Zusammenfassung

Das BGB ist in fünf Bücher unterteilt.

Im BGB wird das in vielen Gesetzen vorzufindende Klammerprinzip verwendet.

Im Arbeitsrecht werden i. d. R. nur die ersten zwei Bücher des BGB relevant. Sind die BGB-Vorschriften anwendbar, so können dennoch bei ihrer Anwendung arbeitsrechtliche Besonderheiten zu beachten sein (z. B. § 310 Abs. 4 S. 2 BGB). Arbeitsrechtliche Fristen werden grds. nach den §§ 186 ff BGB berechnet.

---

[31] Zu den Einzelheiten von Fristbeginn und Fristablauf bei § 626 Abs. 2 BGB siehe ErfK/*Niemann*, § 626 BGB Rn. 205 ff.

D. Form von Rechtsgeschäften

I. Die Formvorschriften

Gemäß § 311 Abs. 1 BGB ist zur Begründung eines Schuldverhältnisses durch Rechtsgeschäft sowie zur Änderung eines Schuldverhältnisses ein Vertrag zwischen den Beteiligten erforderlich, soweit nicht das Gesetz ein anderes vorschreibt. Ein rechtsgeschäftliches Schuldverhältnis entsteht gemäß §§ 145 ff BGB durch Angebot und Annahme, d. h. durch zwei übereinstimmende Willenserklärungen. Diese Willenserklärungen sind grds. formfrei, soweit sich aus dem Gesetz oder einer vertraglichen Regelung nicht etwas anderes ergibt.

Beispiel
Der Abschluss eines Kaufvertrages i. S. d. § 433 BGB ist grds. formfrei möglich. Verpflichtet sich eine Partei jedoch, das Eigentum an einem Grundstück zu übertragen oder zu erwerben, bedarf dies der notariellen Beurkundung, § 311b Abs. 1 BGB.[32]

Der Abschluss eines Darlehensvertrages gemäß § 488 BGB ist grds. formfrei möglich. Handelt es sich jedoch um ein Verbraucherdarlehen, bei dem der Verbraucher Darlehensnehmer und ein Unternehmer Darlehensgeber ist, gilt nach §§ 491 Abs. 1, 2, 492 Abs. 1 BGB die Schriftform, soweit nicht eine strengere Form vorgeschrieben ist.

Der Abschluss eines Reisevertrages nach § 651a Abs. 1 BGB ist grds. formfrei möglich. Der Reiseveranstalter hat dem Reisenden aber bei oder nach Vertragsschluss eine Urkunde über den Reisevertrag zur Verfügung zu stellen, § 651a Abs. 3 BGB. Geht es um einen Vertrag über ein langfristiges Urlaubsprodukt von mehr als einem Jahr, ist gemäß §§ 481a, 484 Abs. 1 BGB Schriftform

---

[32] Siehe auch § 311b II - V BGB. Die Verpflichtung zur Übertragung oder Erwerb einer Eigentumswohnung bedarf nach WEG 4 III ebfl. der notariellen Beurkundung.

erforderlich, soweit sich aus anderen Vorschriften keine strengere Form ergibt.

II.   Zweck von Formvorschriften

Die mit Formvorschriften verbundenen gesetzgeberischen Ziele sind insbesondere:[33]

► Warn- bzw. Schutzfunktion
► Warnung vor der Abgabe unüberlegter bzw. übereilter Willenserklärungen,

Beispiel
Soll ein Wohnraummietvertrag für eine längere Zeit als ein Jahr abgeschlossen werden, bedarf er gemäß § 550 S. 1 BGB der Schriftform. Nach § 766 S. 1 BGB ist zur Gültigkeit des Bürgschaftsvertrags eine schriftliche Erteilung der Bürgschaftserklärung erforderlich. In beiden Fällen soll durch das Schriftformerfordernis dem Erklärenden nochmals bewusst gemacht werden, welche Verpflichtungen er mit seiner Erklärung eingeht.

► Beweis- und Klarstellungsfunktion
► Klarheit, ob etwas und Beweis, was vereinbart worden ist

Beispiel
Ist der Kauf eines Grundstücks geplant, gehen dem Abschluss und der Abgabe der notwendigen Willenserklärungen meist langwierige Verhandlungen voraus. In einem solchen Fall, in dem der Vertrag mit umfangreichen und schwerwiegenden Rechtsfolgen verbunden ist, soll klar sein, ob (bloße Vorverhandlung oder Vertragsabschluss) und mit welchem (konkreten) Inhalt der Vertrag geschlossen wurde.

---

[33] Vgl. hierzu ausführlich Palandt/*Ellenberger*, BGB, § 125 Rn. 2 ff.

▶ Informations- bzw. Beratungsfunktion

    ▶ Aufklärung durch eine rechtkundige Person

Beispiel
Bei der notariellen Beurkundung eines Grundstückskaufvertrages erläutert der Notar den oftmals rechtsunkundigen Parteien die mit den jeweiligen Vereinbarungen verbundenen Rechtsfolgen.

III. Voraussetzungen

1. Inhalt der Formvorschriften

Das Erfordernis der Schriftform wird in § 126 BGB beschrieben. Gemäß § 126 Abs. 1 BGB muss zur Einhaltung der schriftlichen Form die Urkunde von dem Aussteller eigenhändig durch Namensunterschrift oder mittels notariell beglaubigten Handzeichens unterzeichnet sein. Hierdurch soll der Erklärungsempfänger die Möglichkeit bekommen, den Aussteller der Erklärung zu identifizieren. Bei einem Vertrag muss nach § 126 Abs. 2 S. 1 BGB die Unterzeichnung der Parteien auf derselben Urkunde erfolgen. Bei mehreren gleichlautenden Urkunden genügt es, wenn jede Partei die für die andere Partei bestimmte Urkunde unterzeichnet, § 126 Abs. 2 S. 2 BGB.

Soll die gesetzliche Schriftform durch elektronische Form ersetzt werden, sind die in § 126a BGB beschriebenen Voraussetzungen zu erfüllen.[34]

---

[34] Die Bedingungen für eine elektronische Signatur ergeben sich aus Signaturgesetz.

In zahlreichen Vorschriften wird eine Textform i. S. d. § 126b BGB vorgeschrieben, so z. B. in § 479 Abs. 2 BGB oder § 309 Nr. 13 b) BGB.[35] § 127 BGB betrifft die vertragliche Vereinbarung einer Form.

2.   Rechtsfolgen

Die Folgen der Nichteinhaltung einer Form regelt § 125 BGB.

Beispiel
Eine Bürgschaftserklärung bedarf gemäß § 766 S. 1 BGB der Schriftform (§ 126 BGB), die elektronische Form schließt § 766 S. 2 BGB aus. Wird die Schriftform nicht eingehalten, ist die Erklärung grds. nach § 125 S. 1 BGB nichtig. Der Mangel der Form wird jedoch gemäß § 766 S. 3 BGB geheilt, wenn der Bürge die Hauptverbindlichkeit erfüllt.

Besonderheit im Arbeitsrecht
Auch im Arbeitsrecht gibt es Schriftformerfordernisse. Soll z. B. ein Arbeitsvertrag befristet werden, so bedarf die Befristung gemäß § 14 Abs. 4 TzBfG zu ihrer Wirksamkeit der Schriftform. Wird die Schriftform nicht eingehalten, gilt der befristete Arbeitsvertrag nach § 16 S. 1 TzBfG als auf unbestimmte Zeit geschlossen. § 623 BGB enthält ein Schriftformerfordernis für Kündigungen. Auch hier ist die elektronische Form ausgeschlossen.

Beachte
Die vorgenannten Beispiele zeigen exemplarisch, wie sich die einzelnen Funktionen der Formerfordernisse auf die Rechtsfolgen bei Nichteinhaltung der Form auswirken. Die nicht schriftlich abgegebene Bürgschaftserklärung ist nach § 125 S. 1 BGB nichtig. Der Bürge haftet also nicht für die Erfüllung der Schuld eines Dritten. Fehlt es bei einer Befristung an der Schriftform, wäre eine Nichtigkeit des Arbeitsvertrages nach § 125 S. 1 BGB für den Ar-

---

[35] Zu den Erfordernissen der Textform vgl. Palandt/*Ellenberger*, § 126b BGB Rn. 3.

beitnehmer „unerquicklich", denn er hätte dann keinen Arbeitsvertrag. Zum Schutz des Arbeitnehmers ordnet daher § 16 S. 1 BGB an, dass der Arbeitsvertrag wirksam bleibt und als auf unbestimmte Zeit geschlossen gilt. Dies ergibt sich auch daraus, dass nicht der Arbeitsvertrag der Schriftform bedarf, sondern nur die Befristungsabrede.[36] Das Schriftformerfordernis für Kündigungen hat in erster Linie Klarstellungsfunktion. Es soll keine Zweifel darüber geben, ob ein Arbeitsverhältnis gekündigt worden ist. Wird die Schriftform nicht eingehalten, ist die Kündigung nach § 125 S. 1 BGB nichtig.

3. Abschluss von Arbeitsverträgen

Der Abschluss eines Arbeitsvertrages kann formfrei erfolgen. Zwar können Tarifverträge Formerfordernisse für den Abschluss von Arbeitsverträgen enthalten. Diese wirken jedoch i. d. R. nicht konstitutiv, sondern lediglich deklaratorisch.[37] Die „Schwelle" für die Begründung eines Arbeitsverhältnisses soll möglichst niedrig sein. Formerfordernisse würden dieses Ziel nicht erfüllen. Die mit Formerfordernissen verbundenen gesetzgeberischen Zwecke greifen hier also regelmäßig nicht ein.

Beispiel
Die Parteien einigen sich mündlich über den Abschluss eines Arbeitsvertrages. Die Einigung enthält die Parteien, die Tätigkeit und den zeitlichen Umfang der vom Arbeitnehmer zu erbringenden Arbeitsleistungen (Anzahl der Stunden). Ein Arbeitsvertrag kommt wirksam zustande, da sich die Parteien über die sog. essentialia negotii geeinigt haben.

---

[36] Eine Ausnahme zu der Rechtsfolge des § 125 S. 1 BGB ist z. B. auch § 550 S. 1 BGB. Bei Nichteinhaltung der Schriftform bleibt der Mietvertrag wirksam und gilt für unbestimmte Zeit abgeschlossen.
[37] Siehe hierzu weitergehend die Ausführungen zum Zustandekommen eines Arbeitsvertrages im 5. Teil.

Die für den Abschluss eines Arbeitsvertrages notwendigen Willenserklärungen können also schriftlich, mündlich oder auch konkludent durch schlüssiges Verhalten abgegeben werden.[38]

IV. Vernetzung/Praxisbezug

Formvorschriften sind in der Praxis von erheblicher Bedeutung. Zahlreiche Gerichtsentscheidungen befassen sich mit dieser Problematik.

Dies betrifft insbesondere das Schriftformerfordernis des § 623 BGB. Wenn Sie z. B. eine Vielzahl von Kündigungen zu unterschreiben haben, könnten Sie dazu neigen, diese statt mit Ihrem Namen nur mit einer sog. Paraphe, also mit einem Namenskürzel, zu unterzeichnen. Wie oben beschrieben, muss eine Urkunde (die Kündigung ist eine Urkunde in diesem Sinn) vom Aussteller eigenhändig durch Namensunterschrift oder mittels notariell beglaubigten Handzeichens unterzeichnet sein, § 126 Abs. 1 BGB. Eine bloße (nicht notariell beglaubigte) Paraphe genügt diesen Anforderungen nicht, da sie nicht die Absicht einer vollen Unterschrift erkennen lässt.[39] Ihre Kündigungen wären damit nach § 125 S. 1 BGB nichtig bzw. unwirksam. Sie können sich vorstellen, was dies bei z. B. 50 Kündigungen bedeutet.

Beabsichtigen Sie die befristete Einstellung einer Mitarbeiterin, bedarf die Befristungsabrede der Schriftform des § 14 Abs. 4 TzBfG. Unterzeichnen Sie die Arbeitsverträge, die die Befristung

---

[38] Vgl. zum Zustandekommen eines Arbeitsvertrages durch schlüssiges Verhalten LAG Schleswig-Holstein vom 07.08.2018, 1 Sa 23/18.
[39] So LAG Hessen vom 22.03.2011, 13 Sa 1593/11.

enthalten, mit einer Paraphe, ist die Schriftform nicht erfüllt. Rechtsfolge ist das Bestehen eines unbefristeten Arbeitsvertrages.[40]

Auch in anderen Rechtsgebieten, in denen ein Schriftformerfordernis angeordnet ist, tritt diese Problematik auf. So ist es z. B. im Architektenrecht gemäß § 7 Abs. 3 HOAI möglich, im Ausnahmefall die in der HOAI geregelten Honorarmindestsätze durch schriftliche Vereinbarung zu unterschreiten. Eine solche Vereinbarung ist bei Unterzeichnung mit einer Paraphe unwirksam.[41]

V. Zusammenfassung

Formerfordernisse können sich aus Gesetz, Tarifvertrag und Vertrag ergeben.

Formvorschriften haben Warn-, Beweis- und Beratungsfunktionen.

Die §§ 125 ff BGB enthalten die Regelungen zu den Voraussetzungen der verschiedenen Formen von Rechtsgeschäften und die Rechtsfolgen einer Nichteinhaltung.

Arbeitsverträge können formfrei abgeschlossen werden. Eine Kündigung bedarf dagegen nach § 623 BGB der Schriftform.

---

[40] Siehe BAG vom 20.08.2014, 7 AZR 924/12.
[41] Vgl. OLG Hamm vom 19.12.2016, 17 U 81/16.

E. Willensmängel/Anfechtung

I. Einführung

1. Geschäftsfähigkeit

Wie oben dargestellt, kommt ein Vertrag durch zwei übereinstimmende Willenserklärungen (§§ 145 ff BGB) zustande. Nicht immer sind die Willenserklärungen jedoch frei von Fehlern bzw. Mängeln. Eine wirksame Willenserklärung kann nur abgeben, wer geschäftsfähig i. S. d. §§ 104 - 113 BGB ist.[42]

Das BGB enthält keine ausdrückliche Definition der Geschäftsfähigkeit. Sie müssen stattdessen wissen, wann jemand geschäftsunfähig ist. Liegt keines der Merkmale einer Geschäftsunfähigkeit vor, ist der Erklärende in der Lage, rechtlich verbindliche Willenserklärungen abzugeben.

§ 104 BGB beschreibt die Geschäftsunfähigkeit, § 106 BGB die beschränkte Geschäftsfähigkeit Minderjähriger.

> **Beachte**
> § 106 BGB beschränkt die Geschäftsfähigkeit Minderjähriger, die das siebente Lebensjahr noch nicht vollendet haben. Nach § 2 BGB tritt die Volljährigkeit mit der Vollendung des 18. Lebensjahres ein. Ist jemand volljährig und greift auch § 104 Nr. 2 BGB nicht ein, ist Geschäftsfähigkeit gegeben.

Da im Arbeitsrecht in erster Linie § 113 BGB relevant ist, wird

---

[42] Abzugrenzen ist die Geschäftsfähigkeit von der Rechtsfähigkeit. Dies tritt nach § 1 BGB mit der Vollendung der Geburt des Menschen ein. Aber auch die gezeugte, aber noch ungeborene Leibesfrucht (nasciturus) ist bereits Träger von Rechten; vgl. hierzu Palandt/*Ellenberger*, § 1 BGB Rn. 5 ff. Die Rechtsfähigkeit endet mit dem Tod.

nachfolgend nur hierauf eingegangen.[43]

2. § 113 BGB

Die Norm begründet eine Teilrechtsfähigkeit für Minderjährige, d. h. von Personen, die das siebente, aber noch nicht das 18. Lebensjahr vollendet haben. Minderjährige sind nach § 113 Abs. 1 S. 1 BGB für solche Rechtsgeschäfte unbeschränkt geschäftsfähig, die sich auf die Eingehung, Erfüllung oder Aufhebung des Arbeitsverhältnisses beziehen. Hierunter ist zunächst der Abschluss eines inhaltlich bereits festgelegten Arbeitsvertrages zu verstehen. Nach h. M. erstreckt sich die Geschäftsfähigkeit aber auch auf die Ausgestaltung der Rechte und Pflichten aus dem Arbeitsverhältnis und auf die Entgegennahme einer Kündigung.[44]

Beachte
Streitig ist, ob sich § 113 Abs. 1 S. 1 BGB auch auf die Aufhebung von Berufsausbildungsverhältnissen bezieht.[45]

Die von den gesetzlichen Vertretern erteilte Ermächtigung bezieht sich aber nur auf Rechtsgeschäfte, die üblicherweise mit einem Arbeitsverhältnis verbunden sind. Rechtsgeschäfte zum Nachteil des Minderjährigen, die vom Üblichen abweichen, sind von der Ermächtigung nicht gedeckt.[46]

---

[43] Zu den übrigen Vorschriften der Geschäftsfähigkeit vgl. *Müssig*, Wirtschaftsprivatrecht, 3.1.2.

[44] Vgl. BAG vom 08.06.1999, 3 AZR 71/98; LAG Sachsen vom 19.06.2013, 2 Sa 171/12.

[45] Die Problematik kann hier nicht vertieft werden. Zu den widerstreitenden Auffassungen vgl. Bader/*Spilger*, KR, AufhebungsV Rn. 13; Palandt/*Ellenberger*, § 113 BGB Rn. 2; jeweils m. w. Nw.

[46] Siehe BAG vom 08.06.1999, 3 AZR 71/98.

3. Willenserklärung und Anfechtung

Weitere Regelungen über Willensmängel enthalten die §§ 116 ff BGB.

Willensmängel	
▶ § 116 BGB - geheimer Vorbehalt ▶ § 117 Abs. 1, 2 BGB - Scheingeschäft ▶ § 118 BGB - Mangel der Ernstlichkeit (Scherzerklärung)	▶ §§ 119 Abs. 1, 2, 120 BGB - Irrtumsanfechtung ▶ § 123 Abs. 1 Alt. 1 BGB - arglistige Täuschung ▶ § 123 Abs. 1 Alt. 2 BGB - widerrechtliche Drohung

Die §§ 116, 118 BGB spielen in der Praxis kaum eine Rolle. Nachfolgend sollen daher nur die §§ 117 Abs. 1, 2, 119 Abs. 1, 2, 123 Abs. 1 BGB behandelt werden.

II. § 117 Abs. 1 BGB

Wird eine Willenserklärung gegenüber einem anderen mit dessen Einverständnis nur zum Schein abgegeben, ist diese gemäß § 117 Abs. 1 BGB nichtig.

Beispiel
Eine Arbeitgeberin vereinbart mit ihrem Ehemann einen Arbeitsvertrag, wonach dieser als Berater zu einem Gehalt von 4.000,00 EUR brutto für sie tätig sein soll. Beide sind sich allerdings darüber

einig, dass der Ehemann keine Arbeitsleistungen erbringen soll. Als sich die beiden scheiden lassen und die Arbeitgeberin das Arbeitsverhältnis kündigt, verlangt der Arbeitnehmer einige Zeit später die noch ausstehende Vergütung von 8.000,00 EUR für die letzten zwei Monate. Arbeitsleistungen hat er zu keinem Zeitpunkt erbracht.

Die Parteien erwecken hier einverständlich den äußeren Anschein des Abschlusses eines Arbeitsvertrages. Tatsächlich wollen Sie die mit dem Vertrag verbundenen Rechtsfolgen (Verpflichtung zur Erbringung der Arbeitsleistung) jedoch nicht eintreten lassen. Bei dem Arbeitsvertrag handelt es sich damit um ein Scheingeschäft, das gemäß § 117 Abs. 1 BGB nichtig ist. Der Arbeitnehmer hat daher grds. keinen Vergütungsanspruch.[47]

III.　§ 117 Abs. 2 BGB

Hauptanwendungsfall für § 117 Abs. 2 BGB ist der Abschluss eines Kaufvertrages über ein Grundstück unter Angabe eines geringeren Kaufpreises.

Beispiel
Sie schließen mit E (Erwerber) vor einem Notar einen Grundstückskaufvertrag. Im Vertrag wird ein Kaufpreis von 500.000,00 EUR angegeben. Tatsächlich haben Sie sich (was Sie hoffentlich nie tun) mit E aber auf einen Kaufpreis von 750.000,00 EUR geeinigt.

Wirtschaftlicher Hintergrund für ein solches Vorgehen ist der Versuch, Grunderwerbssteuer zu „verringern". Die Höhe der Grunderwerbssteuer ist von Bundesland zu Bundesland verschieden. In Bayern beträgt der Steuersatz z. B. 3,50 %, in Baden-Württemberg 5,00 %. Spielt sich der o. g. Fall in Bayern ab, beträgt die vom Erwerber zu bezahlende Grundsteuer nach der vertraglichen

---

[47] So das LAG Düsseldorf vom 02.08.2019 – 10 Sa 1139/18.

Einigung (aus 500.000,00 EUR) 17.500,00 EUR. Aus 750.000,00 EUR würde sie 26.250,00 EUR betragen. In Baden-Württemberg würde der Erwerber mit einer solchen Vorgehensweise sogar 12.5000,00 EUR „sparen". Wie ist dieser Sachverhalt nun im Zusammenhang mit § 117 Abs. 2 BGB rechtlich zu lösen?[48]

> ▶ Der beurkundete Vertrag über 500.000,00 EUR entspricht zwar der Form des § 311b Abs. 1 S. 1 BGB, aber nicht der tatsächlichen Vereinbarung. Er ist ein Scheingeschäft nach § 117 Abs. 1 BGB.
> ▶ Das Scheingeschäft sollte ein anderes Rechtsgeschäft (mündlich vereinbarter Kaufpreis von 750.000,00 EUR) verdecken. Es finden gemäß § 117 Abs. 2 BGB die für das verdeckte Rechtsgeschäft geltenden Vorschriften Anwendung. Dieses wäre also wirksam, wenn die hierfür geltenden Voraussetzungen erfüllt wären.
> ▶ Die mündliche Vereinbarung über 750.000,00 EUR ist allerdings gemäß § 125 S. 1 BGB nichtig, da sie nicht der Form des § 311b Abs. 1 S. 1 BGB entspricht.
> ▶ Wird allerdings E als Eigentümer in das Grundbuch eingetragen, ist der Mangel der Form der mündlichen Vereinbarung gemäß § 311b Abs. 1 S. 2 BGB geheilt.
> ▶ Verlangen Sie von E die Differenz zwischen beurkundetem und vereinbartem Kaufpreis, legt er ggf. die gemeinsame Steuerhinterziehung offen. Auch keine gute Idee ....

IV.   § 119 Abs. 1 BGB

§ 119 Abs. 1 BGB regelt zwei Arten von Willensmängeln:

> ▶ § 119 Abs. 1 Alt. 1 BGB = Inhaltsirrtum
> ▶ § 119 Abs. 1 Alt. 2 BGB = Erklärungsirrtum

---

[48] Dass es sich bei einem solchen Vorgehen um eine Steuerhinterziehung handelt, liegt auf der Hand.

1. Inhaltsirrtum, § 119 Abs. 1 Alt. 1 BGB

In dieser Konstellation stimmt der äußere Tatbestand der Willenserklärung grds. mit dem überein, was der Erklärende sagen will. Er ist aber im Irrtum darüber, welche Bedeutung seine Erklärung hat. Das objektiv Erklärte und das subjektiv tatsächlich Gewollte fallen auseinander, ohne dass dies dem Erklärenden bewusst ist.

Merksatz
„Der Erklärende weiß, was er sagt, weiß aber nicht, was er damit sagt."[49]

Einer der Schulfälle bzw. Klassiker für § 119 Abs. 1 Alt. 1 BGB, den Sie in fast jedem Lehrbuch finden, lautet wie folgt:

Beispiel
Die Konrektorin einer Mädchenrealschule (M) bestellte "25 Gros Rollen" Toilettenpapier bei der Lieferantin L. Sie unterzeichnete hierzu einen Bestellschein, auf dem neben anderen Einzelheiten die Bezeichnung "Gros = 12 x 12" zu finden war. Als L die Waren anlieferte, verweigerte M die Annahme des überwiegenden Teils. M dachte, sie hätte mit „25 Gros Rollen" 25 Doppelpack Toilettenpapier bestellt. Tatsächlich ist Gros aber eine alte Maßeinheit. Danach hat M 25x12x12 = 3600 Rollen Toilettenpapier bestellt. M focht das Rechtsgeschäft an. L verlangte den Kaufpreis für 3600 Rollen Toilettenpapier.[50]

Hier irrte sich M über die Bedeutung der Bezeichnung „Gros". Auf den Merksatz übertragen wusste sie, was sie sagte (25 Gros), wusste aber nicht, was sie damit sagte (3600 Rollen). Folglich liegt ein Inhaltsirrtum vor. Bei verständiger Würdigung des Falles

---

[49] *Lessmann*, JuS 1969, 478, 480.
[50] Vgl. LG Hanau vom 30.06.1978, 1 O 175/78. In der Entscheidung spielten weitere Probleme eine Rolle, so z. B. die Frage der wirksamen Stellvertretung und der Vertreterhaftung.

und in Kenntnis der Sachlage hätte M die Willenserklärung nicht abgegeben. Der Irrtum war daher auch ursächlich für die Erklärung.[51] Der Anfechtungsgrund des § 119 Abs. 1 Alt. 1 BGB lag vor. Die Anfechtung der M war daher wirksam. Rechtsfolge einer wirksamen Anfechtung ist nach § 142 Abs. 1 BGB die Nichtigkeit des angefochtenen Rechtsgeschäfts. L hatte keinen Anspruch auf den Kaufpreis für 3600 Rollen.[52]

2. Erklärungsirrtum, § 119 Abs. 1. Alt. 2 BGB

Hier stimmt schon die Erklärung nicht mit dem Willen des Erklärenden überein.

> **Merksatz**
> Der Erklärende weiß schon gar nicht, was er sagt; er wollte eine Erklärung dieses Inhalts gar nicht abgeben.

Typische Fälle sind das Verschreiben oder Versprechen.[53]

3.   Bedeutung im Arbeitsrecht

Hinsichtlich der in § 119 Abs. 1 BGB geregelten Anfechtungsgründe bestehen für das Arbeitsrecht keine Besonderheiten. Es gelten die oben dargestellten Grundsätze.[54]

Die Anfechtungsgründe des § 119 Abs. 1 BGB spielen in der Pra-

---

[51] Voraussetzung für eine wirksame Anfechtung ist eine Kausalität zwischen Erklärung und Inhalt der Erklärung. Dies ergibt sich aus § 119 I letzter HS BGB.
[52] Auf die Frage eines Schadensersatzes nach § 122 I BGB soll hier nicht weiter eingegangen werden.
[53] Vgl. weitergehend *Müssig*, Wirtschaftsprivatrecht, 6.8.2.4
[54] So ErfK/*Preis*, § 611a BGB Rn. 349.

xis des Arbeitsrechts eine eher untergeordnete Rolle. Entscheidungen hierzu findet man kaum.[55]

V. Irrtum über verkehrswesentliche Eigenschaften einer Person oder Sache, § 119 Abs. 2 BGB

Gemäß § 119 Abs. 2 BGB stellt auch der Irrtum über solche Eigenschaften einer Person oder der Sache, die im Verkehr als wesentlich angesehen werden, einen Eigenschaftsirrtum dar und berechtigt zur Anfechtung. § 119 Abs. 1 BGB und § 119 Abs. 2 BGB sind wie folgt abzugrenzen:

> ▶ § 119 Abs. 1 BGB: Der Erklärende ist über den Inhalt seiner Erklärung im Irrtum bzw. will eine Willenserklärung dieses Inhalts gar nicht abgeben. Die Erklärung entspricht also nicht dem Willen des Erklärenden.
> ▶ § 119 Abs. 2 BGB: Das, was der Erklärende sagt, stimmt mit seinem Willen überein. Dennoch kann er seine Willenserklärung anfechten, wenn er sich über die Eigenschaft einer Person oder Sache irrt.[56]

1. Verkehrswesentliche Eigenschaft einer Sache

Eigenschaften einer Sache sind alle tatsächlichen oder rechtlichen Merkmale, *„die nach der Verkehrsanschauung infolge ihrer Beschaffenheit und vermutlichen Dauer einen Einfluss auf die Wertschätzung der Sache besitzen, also praktisch alle wertbildenden Faktoren, nicht aber der Wert, der Kurswert oder der Marktpreis als solcher."*[57] Verkehrswesentlich ist die Eigenschaft einer

---

[55] Eine Ausnahme finden Sie bei LAG Hessen vom 01.04.2003, 13 Sa 1240/02.
[56] Zum Verhältnis von Mängelgewährleistungsrechten und § 119 Abs. 2 BGB vgl. *Müssig*, Wirtschaftsprivatrecht, 6.8.2.4 und *Langels*, BGB AT 2, § 21 VIII. 2).
[57] *Kalwass/Abels*, Privatrecht, § 21 III (1).

Sache, wenn die tatsächlichen oder rechtlichen Verhältnisse generell den Wert der Sache beeinflussen.

Beispiel
V verkauft ein Gemälde an K. K ist der Auffassung, das Gemälde stamme von dem amerikanischen Leibl-Schüler Frank Duveneck. Tatsächlich handelt es sich aber um ein Gemälde des Malers Wilhelm Leibl selbst. Der Irrtum über die Urheberschaft als verkehrswesentliche Eigenschaft des Gemäldes berechtigt zur Anfechtung des Kaufvertrages nach § 119 Abs. 2 BGB.[58]

Weitere Beispiele für verkehrswesentliche Eigenschaften einer Sache sind z. B. das Alter eines Fahrzeugs, wenn dadurch die Eignung des Fahrzeugs zum gewöhnlichen oder vertraglich vorausgesetzten Gebrauch eingeschränkt wird[59] oder Alter und Stammbaum eines Pferdes.[60]

2. Verkehrswesentliche Eigenschaft einer Person

Entsprechend der Definition der Eigenschaft einer Sache sind Eigenschaften einer Person verkehrswesentlich, wenn sie dieser für gewisse Dauer anhaften und für ihre Wertschätzung erheblich sind.[61]

Beispiel
Durch das Dach Ihres Hauses dringt bei starken Regenfällen Wasser. Sie beauftragen daher S mit einem Gutachten über das Vorliegen eines Mangels und dessen Ursache. Sie nehmen aufgrund der Angaben des S auf seiner Homepage an, er sei bei der zuständigen Kammer als Bausachverständiger eingetragen. Tatsächlich hat S aber nur ein abgebrochenes Architekturstudium

---

[58] Zum Fall siehe BGH vom 08.06.1988, VIII ZR 135/87.
[59] Siehe BGB vom 26.10.1978 – VII ZR 202/76
[60] So OLG Hamm, Urteil vom 04.04.2019, I-5 U 40/18.
[61] Vgl. weitergehend Palandt/*Ellenberger*, BGB, § 199 Rn. 24 ff.

vorzuweisen. Die Qualifikation bzw. Sachkunde einer Person stellt eine verkehrswesentliche Eigenschaft dar.[62]

Besonderheiten im Arbeitsrecht
Im Arbeitsrecht spielen die Anfechtungsgründe nach § 119 Abs. 1 BGB kaum eine Rolle, sondern nur der Irrtum über verkehrswesentlichen Eigenschaften einer Person gemäß § 119 Abs. 2 BGB. Hinzukommen muss, dass sich die Eigenschaft bzw. deren Fehlen auf die Eignung der Person für die Erbringung der geschuldeten Arbeitsleistung auswirkt. So stellt der Gesundheitszustand eines Arbeitnehmers nur dann eine verkehrswesentliche Eigenschaft dar, wenn er dadurch nicht nur vorübergehend außerstande ist, die Arbeit zu verrichten. Eine Schwangerschaft berechtigt zu keiner Anfechtung nach § 119 Abs. 2 BGB, weil es sich nicht um einen dauerhaften Zustand handelt.[63]

VI. Arglistige Täuschung oder Drohung, § 123 Abs. 1 BGB

Gemäß § 123 Abs. 1 BGB kann derjenige, der arglistig getäuscht oder widerrechtlich durch Drohung zur Abgabe einer Willenserklärung bestimmt worden ist, die Willenserklärung anfechten.

1.   Drohung, § 123 Abs. 1 Alt. 2 BGB

Drohung i. S. d. § 123 Abs. 1 Alt. 2 BGB ist die Ankündigung eines empfindlichen Übels. Eine Drohung ist widerrechtlich, wenn sich der Drohende zwar an sich erlaubter Mittel bedient, diese im Verhältnis zum verfolgten Zweck aber unangemessen sind. Besteht an der Erreichung des verfolgten Zwecks kein berechtigtes Interesse, ist die Drohung ebenfalls rechtswidrig.[64]

---

[62] Mit Hinweisen auf die weitegehender Rechtsprechung *Langels*, BGB AT 2, § 21, V. 4) e).
[63] Vgl. ErfK/*Preis*, § 611a BGB Rn. 350 ff.
[64] So BAG vom 21.4.2016, 8 AZR 474/14.

Beispiel

Ein Vermieter zwingt seinen Mieter mit einer Waffe zum Ausgleich der ausstehenden Mieten. Der Vermieter hat einen Anspruch auf Zahlung der Miete. Er verfolgt mit der Beitreibung also einen erlaubten Zweck. Aber natürlich ist das eingesetzte Mittel widerrechtlich, inadäquat und unangemessen.

Besonderheiten im Arbeitsrecht

Eine Anfechtung nach § 123 Abs. 1 Alt. 2 BGB kommt insbesondere dann in Betracht, wenn ein Arbeitgeber dem Arbeitnehmer mit der Erstattung einer Strafanzeige droht, um ihn zum Abschluss eines Aufhebungsvertrages zu bewegen.

2. Arglistige Täuschung, § 123 Abs. 1 Alt. 1 BGB

Eine arglistige Täuschung gemäß § 123 Abs. 1 Alt. 1 BGB setzt zunächst in objektiver Hinsicht voraus, dass der Täuschende durch Vorspiegelung oder Entstellung von Tatsachen beim Erklärungsgegner einen Irrtum erregt und hierdurch der Getäuschte zur Abgabe seiner Willenserklärung veranlasst wird. Die Täuschung muss sich auf Tatsachen beziehen, die objektiv nachprüfbar sind. Werturteile reichen nicht aus. Eine Täuschung kann durch positives Tun erfolgen, kann aber auch in einem Unterlassen liegen. Letzteres liegt dann vor, wenn der Täuschende zur Offenbarung einer Tatsache verpflichtet war, dies aber unterlässt, d. h. die relevanten Tatsachen verschweigt.

Darüber hinaus verlangt § 123 Abs. 1 Alt. 1 BGB auch eine subjektive Komponente. Diese liegt vor, *wenn der Täuschende weiß oder billigend in Kauf nimmt, dass seine Behauptungen nicht der Wahrheit entsprechen oder mangels Offenbarung bestimmter Tatsachen irrige Vorstellungen bei dem Erklärungsgegner entstehen oder aufrecht erhalten werden; Fahrlässigkeit – auch grobe Fahrlässigkeit – genügt nicht. Eine Täuschung liegt nur dann vor, wenn der Täuschende durch sein Verhalten beim Erklärungsgegner vorsätzlich einen Irrtum erwecken oder aufrechterhalten möchte. Dies bedingt, dass der Täuschende die Unrichtigkeit der falschen Angaben kennt und zugleich das Bewusstsein und den Willen hat, durch die irreführenden Angaben einen Irrtum zu erregen (oder aufrecht zu erhalten) und den Getäuschten damit zu einer Willenserklärung zu motivieren, die jener sonst nicht oder mit anderem Inhalt abgegeben hätte. Bedingter Vorsatz (dolus eventualis) genügt. Es genügt, wenn der Täuschende wusste, dass der Andere ohne die Täuschung die Willenserklärung möglicherweise nicht oder nicht mit dem vereinbarten Inhalt abgegeben hätte."*[65]

Beispiel
Sie kaufen von V einen PKW. Sowohl im Inserat als auch im Kaufvertrag versichert V, das Fahrzeug sei unfallfrei. Bei einem Werkstatttermin wird festgestellt, dass der Rahmen verzogen ist und dies nur durch einen Unfall verursacht worden sein kann.

Besonderheiten im Arbeitsrecht
Die arglistige Täuschung nach § 123 Abs. Alt. 1 BGB spielt häufig in Bewerbungsgesprächen beim Fragerecht eine Rolle. Darf ein Arbeitnehmer bestimmte Tatsachen verschweigen oder hierüber falsche Angaben machen?[66]

Beachte
Der Begriff „widerrechtlich" bezieht sich nach dem Wortlaut des § 123 Abs. 1 Alt. 2 BGB zwar nur auf die Drohung. Dennoch ist die Widerrechtlichkeit als ungeschriebenes Tatbestandsmerkmal auch bei der arglistigen Täuschung zu prüfen.[67]

---

[65] LAG Niedersachsen vom 20.05.2015, 2 Sa 944/14.
[66] Vgl. zu dieser Problematik die Ausführungen im 6. Teil, B.
[67] Siehe hierzu ErfK/*Preis*, § 611a BGB Rn. 361.

VII. Anfechtungserklärung, § 143 BGB

Die Anfechtung erfolgt durch Erklärung gegenüber dem Anfechtungsgegner, § 143 Abs. 1 BGB. Sie ist eine empfangsbedürftige einseitige Willenserklärung. Der Begriff „Anfechtung" muss nicht verwendet werden. Der andere Teil muss aber erkennen können, dass es sich um eine solche handelt. Die Anfechtung stellt eine sog. Gestaltungserklärung dar. Bereits durch die Erklärung selbst wird einseitig auf den Bestand oder den Inhalt des Vertrages eingewirkt. Eine Mitwirkung des Erklärungsempfängers ist nicht erforderlich.

Beispiel
Sie kaufen von V einen PKW und fechten den Kaufvertrag nachträglich an. Die Wirksamkeit der Anfechtung unterstellt, wird der Kaufvertrag bereits durch die Anfechtung selbst nach § 142 Abs. 1 BGB nichtig, ohne dass sich V hiermit einverstanden erklären muss. Dasselbe gilt z. B. bei der Kündigung eines Mietvertrages. Auch die Kündigung ist ein Gestaltungsrecht bzw. eine Gestaltungserklärung.

Eine bestimmte Form ist für die Anfechtung nicht erforderlich. Sie kann formfrei, d. h. auch mündlich erfolgen. Dies gilt selbst dann, wenn das angefochtene Rechtsgeschäft selbst formbedürftig war.

Beispiel
Sie haben ein Mietshaus von V erworben. Der Kaufvertrag bedurfte nach § 311b BGB der notariellen Beurkundung. Wollen Sie den Vertrag jetzt anfechten, kann dies formlos erfolgen.

In der Praxis sollte natürlich eine Anfechtung aus Beweisgründen stets schriftlich erfolgen.

VIII. Anfechtungsgegner, § 143 BGB

Die Anfechtung erfolgt durch Erklärung gegenüber dem Anfechtungsgegner, § 143 Abs. 1 BGB. Bei einem Vertrag ist dies gemäß § 143 Abs. 2 Alt. 1 BGB der andere Teil, d. h. der Vertragspartner. Bei einseitigen Rechtsgeschäften ist § 143 Abs. 3, 4 BGB zu beachten.

> **Besonderheiten im Arbeitsrecht**
> In der arbeitsrechtlichen Praxis werden i. d. R. Aufhebungsverträge von Arbeitnehmern, Arbeitsverträge von Arbeitgebern angefochten.

IX. Anfechtungsfristen

Innerhalb welcher Fristen die Anfechtungserklärung abzugeben ist, regeln die §§ 121, 124 BGB. Die Frist hängt also vom Anfechtungsgrund ab.

Anfechtungsfristen

§§ 119, 120 BGB	§ 123 BGB
• § 121 Abs. 1 BGB	• § 124 Abs. 1 BGB
• unverzüglich	• ein Jahr
• § 121 Abs. 2 BGB - max. 10 Jahre	• § 124 Abs. 3 BGB - max. 10 Jahre

X. Rechtsfolgen der Anfechtung

Wird ein anfechtbares Rechtsgeschäft angefochten, so ist es gemäß § 142 Abs. 1 BGB als von Anfang an (ex tunc) nichtig anzusehen.

Beispiel
Sie kaufen von V einen PKW. Sowohl im Inserat als auch im Kaufvertrag versichert V, das Fahrzeug sei unfallfrei. Bei einem Werkstatttermin wird festgestellt, dass der Rahmen verzogen ist und dies nur durch einen Unfall verursacht worden sein kann. Sie fechten den Kaufvertrag wirksam an. Dieser ist von Anfang an nichtig.[68] Da es durch die rückwirkende Nichtigkeit zu keinem Zeitpunkt eine wirksame Rechtsgrundlage für den Kauf gab, sind die wechselseitig erbrachten Leistungen gemäß § 812 Abs. 1 S. 1 Alt. 1 BGB im Wege der Leistungskondiktion rückabzuwickeln. Sie geben das Fahrzeug an V zurück (Rückübertragung des Eigentums an dem PKW) und erhalten dafür den gezahlten Kaufpreis, ggf. abzüglich einer Nutzungsentschädigung.

Ist eine Willenserklärung nach § 118 BGB nichtig oder aufgrund der §§ 119, 120 BGB angefochten, so hat der Anfechtende dem Anfechtungsgegner gemäß § 122 Abs. 1 den sog. Vertrauensschaden zu ersetzen. Da die Ursache der Anfechtung in diesen Fällen im „Verantwortungsbereich" des Anfechtenden liegt - er hat eine nicht ernstlich gemeinte Willenserklärung abgegeben bzw. sich bei Abgabe der Willenserklärung geirrt -, soll der andere Teil sein negatives Interesse ersetzt bekommen.[69] Der Anspruch ist gemäß § 122 BGB ausgeschlossen, wenn der Geschädigte (An-

---

[68] Auf die Frage einer Fehleridentität zwischen Verpflichtungs- und Verfügungsgeschäft kann hier nicht weiter eingegangen werden.
[69] Hier geht es um das negative Interesse, d. h. den Schaden, den der andere dadurch erleidet, dass er auf die Gültigkeit des Vertrages vertraut hat. Er ist so stellen, als hätte er nie von dem Vertrag gehört.

fechtungsgegner) den Grund der Nichtigkeit oder die Anfechtbarkeit kannte oder kennen musste.

Bei einer Anfechtung wegen Drohung oder arglistiger Täuschung nach § 123 Abs. 1 BGB ist der Anfechtungsgegner dem Anfechtenden zum Schadensersatz nach §§ 311 Abs. 2, 280 Abs. 1 BGB verpflichtet. Darüber hinaus besteht eine Schadensersatzplicht aus Deliktsrecht gemäß § 823 Abs. 2 BGB i. V. m. § 263 StGB bzw. § 826 BGB.

Besonderheiten im Arbeitsrecht
Im Arbeitsrecht wirkt eine Anfechtung bei vollzogenen Arbeitsverhältnissen grds. nicht ex tunc, sondern ex nunc, d. h. nur für die Zukunft. Grund hierfür ist, dass die Rückabwicklung eines vollzogenen Arbeitsverhältnisses nach den oben geschilderten Regeln meist nicht möglich ist. Die vom Arbeitnehmer erbrachten Leistungen können regelmäßig nicht zurückgewährt werden. Man spricht hier von einem fehlerhaften bzw. faktischen Arbeitsverhältnis.[70]

XI. Vernetzung/Praxisbezug

Die Anfechtungsgründe des § 119 BGB und des § 123 BGB schließen sich nicht aus. Sie können also nebeneinander geltend gemacht werden. Allerdings ist eine Anfechtung nach § 123 BGB „günstiger", da die Anfechtungsfrist ein Jahr beträgt, § 124 BGB.

In Klausuren zum Anfechtungsrecht (im „normalen" Zivilrecht) wird i. d. R. auch das Bereicherungsrecht relevant. Ist die Anfechtung wirksam, ist das Rechtsgeschäft grds. von Anfang an nichtig. Die wechselseitig gewährten Leistungen sind nach den §§ 812 ff

---

[70] Vgl. hierzu die Ausführungen im 5. Teil.

BGB rückabzuwickeln.

In der Praxis wird das Anfechtungsrecht häufig bei Kaufverträgen über Kraftfahrzeuge relevant. Dies kennen Sie z. B. aus dem „Dieselskandal". Die Käufer von Dieselfahrzeugen erklärten in vielen Fällen die Anfechtung wegen arglistiger Täuschung und begehrten eine Rückabwicklung der Kaufverträge. Auch im Immobilienkapitalanlagenrecht ist die Anfechtung insbesondere bei sog. Schrottimmobilien sowie im Wertpapieranlagengeschäft bei der Verletzung von Aufklärungs- und Beratungspflichten von Bedeutung.

XII. Zusammenfassung

Willensmängel können sich aus einer fehlenden Geschäftsfähigkeit i. S. d. §§ 104 - 113 BGB ergeben.

Die §§ 116 - 118 BGB beschreiben die Rechtsfolgen von geheimen Vorbehalten, Scheingeschäften und Scherzerklärungen. Praxisrelevant sind insbesondere die Anfechtungsregelungen der §§ 119 ff BGB.

Bei § 119 Abs. 1 BGB ist zwischen Inhalts- und Erklärungsirrtum zu unterscheiden. Irrt sich der Erklärende über eine verkehrswesentliche Eigenschaft einer Person oder Sache, ist er nach § 119 Abs. 2 BGB zur Anfechtung berechtigt.

§ 123 Abs. 1 BGB enthält Anfechtungsgründe bei Drohung und arglistiger Täuschung. Das Merkmal der Widerrechtlichkeit gilt auch für eine arglistige Täuschung.

Eine wirksame Anfechtung führt gemäß § 142 Abs. 1 BGB zur Nichtigkeit des angefochtenen Rechtsgeschäfts von Anfang an. Da kein Rechtsgrund für Leistungen der Parteien bestand, ist eine Rückabwicklung nach §§ 812 ff BGB vorzunehmen.

Beachte
Im Arbeitsrecht wirkt die Anfechtung i. d. R. nur ex nunc.

F.   Dienstvertrag, §§ 611 ff BGB

I.   Abgrenzung zu anderen Vertragsarten

1.   Werkvertrag

Wesentliches Abgrenzungskriterium ist die geschuldete Leistung. Während bei einem Dienstvertrag kein besonderer Erfolg, sondern nur eine Leistung „mittlerer Art und Güte" erbracht werden muss, schuldet beim Werkvertrag nach den §§ 631 ff BGB der Auftragnehmer einen bestimmten Erfolg.

Beispiel
Wenn Sie einen Steuerberater mit der Erstellung Ihrer Steuererklärung beauftragen, schuldet dieser keine Steuererstattung in einer bestimmten Höhe, sondern eine sorgfältige und fachkundige Beratung und Betreuung Ihrer Angelegenheiten. Auch ein Arzt schuldet keinen bestimmten Heilungserfolg. Beauftragen Sie dagegen einen Dachdecker mit der Reparatur Ihres undichten Hausdaches, schuldet dieser als Erfolg, dass das Dach anschließend dicht ist.

2.   Auftrag

Beim Dienstvertrag wird die Dienstleistung gemäß § 611 Abs. 1 Alt. 2 BGB vergütet. Das Auftragsverhältnis ist gemäß § 662 BGB unentgeltlich. Der Beauftragte hat lediglich Anspruch auf Ersatz der Aufwendungen, die er zum Zwecke der Ausführung des Auftrages für erforderlich halten durfte, § 670 BGB.

Beispiel
Sie haben einen Mercedes 500 SL aus dem Jahre 1983, der während des Winters immer in einer gesonderten Oldtimergarage in Stuttgart steht. Sie bitten Ihre Freundin, den Wagen nach Stuttgart zu fahren. Diese nimmt den Auftrag an und nutzt zur Rückfahrt den Zug. Etwaige Spritkosten für die Fahrt nach Stuttgart und die Kosten für die Zugfahrt stellen Aufwendungen i. S. d. § 670 BGB dar.

3. Gesellschaftsvertrag

Bei einer Gesellschaft erbringen die Gesellschafter Leistungen, um den Gesellschaftszweck zu erreichen. Es fehlt regelmäßig an einer Vereinbarung, nach der die Leistung gegen Vergütung erfolgt.

Beispiel
Sie gründen mit Ihrem Freund eine Gesellschaft bürgerlichen Rechts zur Herstellung und zum Vertrieb sog. Superfoods. Sie tüfteln an den Rezepturen, Ihr Freund organisiert den Vertrieb der Waren. Sie erbringen die Leistung nicht, um von der Gesellschaft eine Vergütung zu erhalten, sondern im Rahmen des Gesellschaftsvertrages, um den Zweck der Gesellschaft zu erreichen.

4. Geschäftsbesorgungsvertrag

Beim Geschäftsbesorgungsvertrag i. S. d. § 675 BGB liegt ein Dienstvertrag vor, der eine Geschäftsbesorgung zum Gegenstand hat. Eine Geschäftsbesorgung nach § 675 Abs. 1 BGB ist die Wahrnehmung fremder Vermögensinteressen im Rahmen einer eigenen selbstständigen wirtschaftlichen Tätigkeit.

Beispiel

Sie sind Eigentümer einer Wohnung. In dem Haus befinden sich weitere Eigentumswohnungen. Mit den anderen Wohnungseigentümern bilden Sie eine Wohnungseigentümergemeinschaft (§ 10 Abs. 1, 2 WEG). Die Gemeinschaft beschließt, einen Verwalter mit der Wahrnehmung der Verwaltung des Hauses zu beauftragen, §§ 21, 26 Abs. 1 WEG. Ein solcher Verwaltervertrag hat die Besorgung der Geschäfte für die Wohnungseigentümer zum Gegenstand. Er stellt einen auf eine Geschäftsbesorgung gerichteten Dienstvertrag dar.[71]

5. Arbeitsvertrag

Der Arbeitsvertrag ist ein Unterfall des Dienstvertrages. Während beim „normalen" Dienstvertrag nach § 611 BGB der Dienstverpflichtete mehr oder weniger selbstständig arbeitet, leistet ein Arbeitnehmer weisungsgebundene, fremdbestimmte Arbeit in persönlicher Abhängigkeit. Für Arbeitsverträge gelten, ggf. zusätzlich, die besonderen Regelungen der §§ 611a, 613a, 616, 619a, 622, 623 BGB.[72] Daneben ist das Arbeitsrecht in einer Vielzahl von Einzelgesetzen geregelt, z. B. KSchG, BetrVG, EFZG, TVG etc.

II. Hauptpflichten

§ 611 Abs. 1 BGB beschreibt die wechselseitigen Hauptpflichten bei einem Dienstvertrag. Danach ist derjenige, welcher Dienste zusagt, zur Leistung der versprochenen Dienste, der andere Teil

---

[71] LG Krefeld vom 03.05.2017, 7 O 20/16 unter Hinweis auf BGH vom 06.03.1997, III ZR 11/03.
[72] **Zur Abgrenzung Selbstständiger und Arbeitnehmer vgl. Kapitel ...**

zur Gewährung der vereinbarten Vergütung verpflichtet.[73] Gegenstand eines Dienstvertrages können Dienste jeder Art sein, § 611 Abs. 2 BGB. Typische Dienstverträge sind z. B. Unterrichtsverträge, Beratungsverträge (Steuerberater, Wirtschaftsprüfer, Personalberatung etc.), Behandlungsverträge zwischen Patient und Arzt und i. d. R. auch Verträge zwischen einer GmbH und ihrem Geschäftsführer.[74]

Gemäß § 613 S. 1 BGB hat der zur Dienstleistung Verpflichtete die Dienste im Zweifel in Person zu erbringen. Bei zahlreichen Dienstverträgen ist die Übertragung jedenfalls von Hilfstätigkeiten aber zulässig. So kann z. B. ein Rechtsanwalt seine Rechtsanwaltsfachangestellte den Terminkalender führen oder seine Diktate schreiben lassen.

Besonderheit im Arbeitsrecht
Ein Arbeitnehmer hat seine Arbeitsleistung stets persönlich zu erbringen. Der Arbeitgeber kann im Zweifel den Anspruch auf die Arbeitsleistung nicht auf einen anderen übertragen, § 613 S. 2 BGB. Anders ist dies im Recht der Arbeitnehmerüberlassung (Zeitarbeit).

III. Nebenpflichten

Wie in jedem Vertragsverhältnis gilt zunächst die allgemeine Rücksichtnahmepflicht des § 241 Abs. 2 BGB. Jede Partei hat Rücksicht auf die Rechte, Rechtsgüter und Interessen der anderen Partei zu nehmen. Daneben können sich aus dem jeweiligen

---

[73] Fehlt es an einer ausdrücklichen Vereinbarung zur Vergütung, greift § 612 BGB.
[74] Vgl. die weitere Aufzählung bei Palandt/*Weidenkaff*, vor § 611 BGB Rn. 16 ff. Zu den Besonderheiten von GmbH-Geschäftsführerverträgen vgl. 5. Teil, B. 2.

Vertrag weitere Pflichten ergeben.

Beispiele
Ihre Steuerberaterin darf Interna Ihrer Steuererklärung nicht anderen Mandanten mitteilen. Solche Verschwiegenheitspflichten gelten z. B. auch für Rechtsanwälte oder IT-Unternehmen. Ein (freier) Handelsvertreter i. S. d. §§ 84 ff HGB hat Auskunft über die von ihm getätigten Geschäfte zu geben und darf gemäß § 90 HGB Geschäfts- und Betriebsgeheimnisse des Unternehmers auch nach Beendigung des Vertragsverhältnisses nicht verwerten oder anderen mitteilen.

IV. Vergütungsanspruch ohne Dienstleistung

Hauptpflicht des Dienstberechtigten ist die Zahlung der vereinbarten Vergütung, § 611 Abs. 1 BGB. Gemäß § 614 S 1 BGB ist die Vergütung grds. nach der Erbringung der Dienste zu entrichten.

Beachte
Wie zahlreiche andere Vorschriften aus dem BGB ist § 614 BGB dispositiv, d. h. sie ist durch Parteivereinbarung abdingbar bzw. kann inhaltlich verändert werden. Dies wird in der Praxis regelmäßig gemacht. Im Unterschied zu solchen abdingbaren Regelungen können Vorschriften auch zwingend sein. Dies ist z. B. bei den §§ 626, 314, 138, 134 BGB der Fall.

Beim Dienstvertrag handelt es sich um einen gegenseitigen Vertrag. Kann der Dienstverpflichtete die Dienstleistung nicht erbringen, hat er unter den Voraussetzungen des § 326 Abs. 1 BGB grds. keinen Anspruch auf Vergütung.

Beispiel
Ihr Steuerberater erkrankt dauerhaft und kann deshalb die Steuererklärung nicht fertigen. Die Leistung ist ihm nach § 275 Abs. 1

BGB (subjektiv) unmöglich. Er hat gemäß § 326 Abs. 1 S. 1 BGB grds. keinen Anspruch auf ein Honorar.

Besonderheit im Arbeitsrecht
Ein Arbeitnehmer hat unter den Voraussetzungen des § 3 Abs. 1 S. 1 EFZG einen Anspruch auf Entgeltfortzahlung im Krankheitsfall.

Ausnahmsweise behält der Dienstverpflichtete seinen Vergütungsanspruch, wenn der Dienstberechtigte mit der Annahme der Dienste in Verzug ist, § 615 S. 1, 2 BGB

Beispiel
Sie beauftragen eine Rechtsanwältin mit Ihrer Vertretung in einem Rechtsstreit. Trotz mehrfacher Aufforderung und Mahnung überlassen Sie ihr aber die für die Führung des Verfahrens notwendigen Unterlagen nicht. Liegen die Voraussetzungen der §§ 293 ff BGB vor, hat die Rechtsanwältin Anspruch auf Vergütung nach § 615 S. 1, 2 BGB. § 615 S. 1 geht als Sondervorschrift dem § 326 Abs. 2 BGB vor.[75]

Besonderheit im Arbeitsrecht
§ 615 S. 1, 2 BGB hat hier zwei Hauptanwendungsbereiche:

▶ Kündigt ein Arbeitgeber das Arbeitsverhältnis und erhebt der Arbeitnehmer Kündigungsschutzklage, so kommt der Arbeitgeber nach Ablauf der Kündigungsfrist i. d. R. in Annahmeverzug. Er muss, sofern die Kündigung unwirksam ist, die Vergütung des Arbeitnehmers zahlen, auch wenn dieser keine Arbeitsleistungen erbracht hat.
▶ Die Unmöglichkeit der Arbeitsleistung unterfällt dem Betriebsrisiko des Arbeitgebers nach § 615 S. 3 BGB oder er hat nach § 326 Abs. 2 BGB die Unmöglichkeit zu vertreten.

Eine weitere Ausnahmevorschrift ist § 616 BGB. Die Vorschrift gilt

---

[75] Vgl. Palandt/*Weidenkaff*, § 615 BGB Rn. 4 und zum Umfang des Vergütungsanspruch Rn. 3.

zwar für alle Dienstverhältnisse, ist in der Praxis aber regelmäßig nur für Arbeitsverhältnisse relevant. Im Arbeitsrecht bestehen weitere Ausnahmen zu den dargestellten Grundsätzen. Dies gilt insbesondere für die Thematik „Kein Lohn ohne Arbeit".

Die Beendigung von Dienstverhältnissen wird gesondert in Kapitel H. behandelt.

V. Vernetzung/Praxisbezug

Ursprünglich sollte das Recht der Arbeitsverhältnisse in einem eigenen „Arbeitsgesetzbuch" geregelt werden. Dies hat der Gesetzgeber aber bis heute nicht in Angriff genommen. Da der Arbeitsvertrag eine Sonderform des Dienstvertrages ist, enthalten die §§ 611 ff BGB sowohl Regelungen für Arbeitsverträge als auch für Dienstverträge, bei denen die Leistung selbstständig, nicht weisungsgebunden und unabhängig erbracht wird.

In der Praxis wird häufig die Abgrenzung von Dienstvertrag gemäß § 611 BGB zum Arbeitsvertrag gemäß § 611a BGB relevant. In diesen Fällen kommt es darauf an, ob derjenige, der die Leistung erbringt, selbstständig ist und die Tätigkeit im Wesentlichen frei gestalten und seine Arbeitszeit bestimmen kann.[76]

---

[76] Siehe den Wortlaut des § 84 Abs. 1 S. 2 HGB. Zu den Rechtsfolgen, wenn im Nachhinein festgestellt wird, dass es sich bei dem von den Parteien vereinbarten Rechtsverhältnis nicht um einen Dienstvertrag, sondern einen Arbeitsvertrag handelt, vgl. 4. Teil, B. III.

VI. Zusammenfassung

Hauptplicht des Dienstvertrages ist die Erbringung einer Dienstleistung gegen Vergütung, § 611 Abs. 1 BGB. Gegenstand des Dienstvertrages können nach § 611 Abs. 2 BGB Dienste jeder Art sein.

Der Dienstvertrag ist insbesondere vom Werkvertrag, Auftrag, Geschäftsbesorgungsvertrag und Gesellschaftsvertrag abzugrenzen.

Der Arbeitsvertrag gemäß § 611a BGB ist eine Sonderform des Dienstvertrages und teilweise im BGB sowie weitergehend in zahlreichen Einzelgesetzen geregelt.

Erbringt der Dienstverpflichtete seine Dienstleistung nicht, hat er grundsätzlich keinen Anspruch auf Vergütung.

G. Leistungsstörungen

Die nachfolgenden Ausführungen beziehen sich auf den Dienstvertrag als gegenseitigen (synallagmatischen) Vertrag. Da die §§ 611 ff BGB keine besonderen Vorschriften für Leistungsstörungen enthalten, greifen nach der Ihnen schon bekannten Regelungstechnik des BGB die allgemeinen schuldrechtlichen Vorschriften.

Eine Art der Leistungsstörung haben Sie bereits im Kapitel F kennengelernt. Die Nichterbringung der geschuldeten Dienstleistung stellt eine Form der Leistungsstörung dar. Im Folgenden wird noch auf die Unmöglichkeit der Leistungserbringung sowie auf Schadensersatzansprüche eingegangen.

I. Unmöglichkeit der Dienstleistung

Der Dienstverpflichtete verliert gemäß § 326 Abs. 1 S. 1 BGB seinen Anspruch auf Vergütung, wenn er nach § 275 Abs. 1 - 3 BGB nicht zu leisten braucht. Zum Verständnis der §§ 326, 275 BGB ist es notwendig, dass Sie die „Rollen" der Beteiligten richtig zuordnen.

▶ Schuldner i. S. d. Vorschriften ist jeweils derjenige, der die Leistung zu erbringen hat (Dienstverpflichteter),

▶ Gläubiger ist derjenige, der die Dienstleistung fordern kann (Dienstberechtigter).

Zu unterscheiden sind drei Sachverhalte:[77]

---

[77] Auf die jeweiligen Einzelheiten der Sachverhalte (z. B. anfängliche oder nachträgliche, zu vertretende oder nicht zu vertretende Unmöglichkeit) oder dem anfänglichen Ausschluss der Leistungspflicht gemäß § 311a BGB kann hier nicht näher eingegangen werden kann.

§ 275 BGB

§ 275 I BGB	§ 275 II BGB	§ 275 III BGB
•objektive oder sub-jektive Unmöglich-keit der Leistung	•Leistungsverwei-gerungsrecht bei Missverhältnis von Leistung/Gegen-leistung	•Leistungsverwei-gerungsrecht bei persönlicher Leis-tungserbringung und Unzumutbar-keit

Braucht der Gläubiger danach die Vergütung nicht zu zahlen, er-geben sich seine weiteren Rechte gegen den Schuldner aus § 275 Abs. 4 BGB i. V. m. den dort genannten Vorschriften.

Besonderheit im Arbeitsrecht
Liegt Unmöglichkeit der Arbeitsleistung vor, verliert der Arbeitneh-mer grds. seinen Vergütungsanspruch (kein Lohn ohne Arbeit). Aus sozialen Gesichtspunkten gibt es im Arbeitsrecht aber zahl-reiche Ausnahmen von diesem Grundsatz, z. B. bei der Entgelt-fortzahlung im Krankheitsfall.

II. Schadensersatz

Verletzt der Schuldner eine Pflicht aus dem Schuldverhältnis (Dienstvertrag), kann der Gläubiger gemäß § 280 Abs. 1 S. 1 Er-satz des hierdurch entstehenden Schadens verlangen. Dies gilt nicht, wenn der Schuldner die Pflichtverletzung nicht zu vertreten hat, § 280 Abs. 1 S. 2 BGB. Was der Schuldner zu vertreten hat, ergibt sich aus den §§ 276 - 278 BGB.

Beachte

§ 280 Abs. 1 S. 2 BGB enthält eine gesetzliche Vermutung für das Vertretenmüssen. Das bedeutet für die Frage, wer was beweisen muss (Beweislastverteilung), grundsätzlich Folgendes:[78]

► Der Gläubiger hat zu beweisen, dass der Schuldner eine ihm obliegende Pflicht verletzt hat.
► Der Gläubiger hat weiterhin zu beweisen, dass die Pflichtverletzung kausal für den eingetretenen Schaden war.
► Der Schuldner muss beweisen, dass er die Pflichtverletzung nicht zu vertreten hat.

Besonderheiten im Arbeitsrecht

§ 619a BGB modifiziert die vorgenannte Beweislastverteilung. Abweichend von § 280 Abs. 1 S. 2 BGB muss der Arbeitgeber beweisen, dass der Schuldner die Pflichtverletzung zu vertreten hat.

§ 280 Abs. 1 BGB ist im Übrigen eine sehr „studierendenfreundliche" Vorschrift. Alle zu prüfenden Tatbestandsmerkmale sind in § 280 Abs. 1 BGB enthalten.

► Schuldverhältnis ist der Dienstvertrag[79]
► Pflichtverletzung des Schuldners[80]
► Vertretenmüssen, § 280 Abs. 1 S. 2 BGB
► Schaden (§§ 249 ff BGB)
► Kausalität zwischen Pflichtverletzung und Schaden („hierdurch")

---

[78] Ausnahmen zu diesen Grundsätzen bestehen z. B. bei der Verletzung von vertraglichen Beratungspflichten. Wer eine solche Pflicht verletzt, ist beweispflichtig dafür, dass der Schaden auch bei pflichtgemäßem Verhalten entstanden wäre; so OLG Köln vom 26.07.2017, 5 U 9/17.

[79] Neben den vertraglichen Schuldverhältnissen kommen hier insbesondere auch gesetzliche (z. B. §§ 677 ff BGB) und vorvertragliche (§ 311 II BGB) Schuldverhältnisse.

[80] Gemeint sind alle Arten von Pflichtverletzungen, d. h. Leistungs-, Neben- und Verhaltenspflichten gemäß § 241 Abs. 2 BGB; vgl. Palandt/*Grüneberg*, § 280 Abs. 1 BGB.

Weitere Rechte des Gläubigers ergeben sich aus § 280 Abs. 2, 3 BGB. Daneben können deliktische Ansprüche nach den §§ 823 ff BGB bestehen.[81]

III. Vernetzung/Praxisbezug

Anders als z. B. das Kaufvertragsrecht enthalten die §§ 611 ff BGB keine besonderen Vorschriften zu den Rechtsfolgen von Pflichtverletzungen. Für die Prüfung von Schadensersatzvorschriften greift man deshalb auf die „allgemeinste" Schadensersatznorm des § 280 Abs. 1 BGB zurück, die für alle Arten von Pflichtverletzungen gilt. Insoweit bedarf es für die Anwendung der Norm auch keiner Unterscheidung zwischen Haupt- und Nebenpflichten.

Beachte
I. d. R. enthält ein Vertrag nicht alle von der Vertragspartei zu beachtenden Pflichten. In Klausuren werden deshalb häufig die allgemeinen Rücksichtnahmepflichten des § 241 Abs. 2 BGB relevant. Danach hat sich jede Partei so zu verhalten, dass Rechte Rechtsgüter und Interessen des anderen Teils nicht verletzt werden.

Besonderheiten im Arbeitsrecht
Die besondere Schutzbedürftigkeit eines Arbeitnehmers gegenüber einem „normalen" Dienstverpflichteten wirkt sich auch im Schadensersatzrecht aus. Unter dem Begriff „Innerbetrieblicher Schadensausgleich" (privilegierte Arbeitnehmerhaftung) wird die Haftung des Arbeitnehmers abhängig vom Grad seines Verschuldens beschränkt.

---

[81] Auf Einzelheiten zum Deliktsrecht kann hier nicht näher eingegangen werden. Vgl. hierzu z. B. *Müssig*, Wirtschaftsprivatrecht, 12.

Neben den vertraglichen Schadensersatzansprüchen gelten die §§ 823 ff BGB, d. h. deliktische Ansprüche werden hierdurch nicht ausgeschlossen.

Liegt die Pflichtverletzung in einer verzögerten Leistung, kann der Gläubiger unter den Voraussetzungen der §§ 280 Abs. 2 BGB, 286 BGB den sog. Verzögerungs- bzw. Verzugsschaden verlangen. Ein Anspruch auf Schadensersatz statt der Leistung besteht nur unter den Einschränkungen der §§ 280 Abs. 3, 281 ff BGB.

Beachte
Anspruchsgrundlage ist stets § 280 BGB. In der Systematik der §§ 280 ff BGB bedeutet dies:

▶ verlangt der Gläubiger „normalen" Schadensersatz, greift nur § 280 Abs. 1 BGB ein,
▶ geht es um einen Verzugs- bzw. Verzögerungsschaden, sind die §§ 280 Abs. 1, 2, 286 BGB anzuwenden,
▶ hat der Schuldner nicht oder nicht wie geschuldet geleistet, kann der Gläubiger Schadensersatz statt der Leistung unter den Voraussetzungen der §§ 280 Abs. 1, 3, 281 BGB verlangen[82],
▶ hat der Schuldner eine Nebenpflicht nach § 241 Abs. 2 BGB verletzt, kann der Gläubiger Schadensersatz statt der Leistung verlangen, wenn die §§ 280 Abs. 1, 3, 282 BGB erfüllt sind,
▶ ist die Leistungspflicht des Schuldners nach § 275 Abs. 1 - 3 BGB ausgeschlossen, kann der Gläubiger Schadensersatz nach §§ 280 Abs. 1, 3, 283 BGB verlangen.

---

[82] In diesen Fällen verlangt der Gläubiger also nicht mehr Erfüllung des Vertrages, sondern stattdessen Schadensersatz. Zu dem im Einzelnen schwierigen Verhältnis zwischen Erfüllungsanspruch, Schadensersatz und Rücktritt vgl. BeckOK BGB/*Lorenz*, § 280 Rn. 61 f, Palandt/*Grüneberg*, § 281 BGB Rn. 48.

IV. Zusammenfassung

Der „Grundfall" der Unmöglichkeit der Leistungserbringung richtet sich nach §§ 326 Abs. 1 S. 1 BGB, 275 Abs. 1 - 3 BGB.

§ 275 Abs. 4 BGB verweist auf die Rechte des Gläubigers, wenn ein Ausschluss der Leistungspflicht nach § 275 Abs. 1 - 3 BGB vorliegt.

Zentrale (vertragliche) Schadensersatznorm ist, sofern keine spezielleren Regelungen eingreifen, § 280 Abs. 1 BGB. Die Beweislastverteilung ergibt sich aus § 280 Abs. 1 S. 2 BGB. Im Arbeitsrecht ist die Ausnahme des § 619a BGB zu beachten.

Liegen die Voraussetzungen des § 280 Abs. 1 BGB vor, haftet der Schuldner für den entstandenen Schaden; für Art und Umfang des Schadens gelten die §§ 249 ff BGB. Im Arbeitsrecht gelten die sich aus dem „Innerbetrieblichen Schadensausgleich" ergebenden Besonderheiten.

H. Beendigung von Dienstverträgen

I. Regelungen zur Beendigung

Für Dienstverträge gelten die allgemeinen Vorschriften des Schuldrechts, soweit die § 611 ff BGB keine spezielleren Regelungen enthalten. Enthalten die §§ 611 ff BGB besondere Kündigungsmöglichkeiten, gehen diese also dem allgemeinen Schuldrecht vor. Dies gilt z. B. für das Verhältnis von § 314 BGB zu § 626 BGB. Bei einer Kündigung aus wichtigem Grund eines Dienstvertrages ist somit die Sondernorm des § 626 BGB und nicht § 314

BGB anzuwenden, obwohl es sich bei einem Dienstvertrag um ein Dauerschuldverhältnis handelt.[83]

Beendigung nach Dienstvertragsrecht

§ 620 Abs. 1 BGB	§ 620 Abs. 2 BGB	§ 626 BGB	§ 627 BGB	§ 613 BGB
• Zeitablauf (befristetes Dienstverhältnis)	• ordentliche Kündigung • Fristen, § 621 BGB	• fristlose Kündigung aus wichtigem Grund • Erklärungsfrist, § 626 Abs. 2 BGB	• fristlose Kündigung aus wichtigem Grund bei besonderer Vertrauensstellung	• Tod des Dienstverpflichteten • keine Beendigung bei Tod des Dienstberechtigten

Die Kündigung eines normalen Dienstverhältnisses bedarf keiner besonderen Form. § 623 BGB gilt nur für Arbeitsverträge.[84]

---

[83] Zum Verhältnis dieser Normen vgl. BeckOK/*Lorenz*, BGB § 314 Rn. 2, 3.
[84] Siehe Palandt/*Weidenkaff*, § 623 BGB Rn. 2.

Besonderheiten im Arbeitsrecht
► Für befristete Arbeitsverträge gilt gemäß § 620 Abs. 3 BGB das TzBfG.
► Für Arbeitsverträge unter auflösender Bedingung gelten §§ 158 Abs. 2 BGB, 21 TzBfG.
► Jede Art der Kündigung bedarf gemäß § 623 BGB der Schriftform.
► Bei der ordentlichen Kündigung nach § 620 Abs. 2 BGB gelten die Kündigungsfristen des § 622 BGB.
► Existiert ein Betriebsrat, ist dieser vor Ausspruch einer (ordentlichen und außerordentlichen) Kündigung gemäß § 102 Abs. 1 BetrVG anzuhören.
► § 627 BGB gilt bei Arbeitsverträgen nicht.

Beendigung nach allgemeinem Schuldrecht

§ 362 Abs. 1 BGB	§ 275 Abs. 1 - 3 BGB	§§ 119, 120, 123 BGB	Aufhebungsvertrag	Auflösende Bedingung
•Erfüllung •Hauptpflichten erbracht	•Leistung unmöglich •Missverhältnis •Unzumutbarkeit	•Nichtigkeit von Anfang an, § 142 Abs. 1 BGB	•Einvernehmliche Beendigung durch Vereinbarung	•§ 158 Abs. 2 BGB •Eintritt der Bedingung

Daneben kommt als allgemeiner Beendigungstatbestand noch ein Rücktritt gemäß § 323 BGB in Betracht. Nach h. M. gilt dies grds.

aber nur für noch nicht vollzogene Dienstverträge. Ansonsten verdrängt das Kündigungsrecht die §§ 323 BGB.[85]

Besonderheiten im Arbeitsrecht
Bei Arbeitsverhältnissen ist ein Rücktritt weder vor noch nach Invollzugsetzung des Arbeitsvertrages möglich. Das Kündigungsrecht tritt an die Stelle des Rücktritts. Ausnahme ist der Rücktritt von einem nachvertraglichen Wettbewerbsverbot nach Beendigung des Arbeitsverhältnisses.[86]

II. Kündigungsfristen

Haben die Parteien in ihrem Dienstvertrag keine abweichenden Regelungen getroffen, gelten bei „normalen" Dienstverhältnissen die gesetzlichen Kündigungsfristen nach § 621 BGB. Die fristlose Kündigung aus wichtigem Grund nach § 626 BGB erfolgt ohne Einhaltung einer Kündigungsfrist.

Beachte
§ 626 Abs. 2 BGB enthält keine Kündigungsfrist, sondern stellt eine sog. Kündigungserklärungsfrist dar. Innerhalb von zwei Wochen, nachdem der Kündigungsberechtigte von allen für die Kündigung maßgeblichen Tatsachen Kenntnis erlangt, muss die Kündigung dem Dienstverpflichteten zugehen.

Besonderheiten im Arbeitsrecht
Greifen keine arbeits- oder tarifvertraglichen Fristen ein, gelten für die ordentliche Kündigung die gesetzlichen Kündigungsfristen gemäß § 622 BGB. Diese sind nach der Dauer der Betriebszugehörigkeit gestaffelt.

---

[85] Statt aller Herberger/*Beckmann*, jurisPK-BGB, § 323 BGB Rn. 6, 7.
[86] Vgl. hierzu BAG vom 31.01.2018, 10 AZR 392/17.

III. Rechtsfolgen der Beendigung

1. Erfüllung, §§ 362 ff

Sind die wechselseitigen Hauptpflichten erfüllt, hat der Dienstberechtigte keinen Anspruch mehr auf die Dienstleistung. Aufgrund des synallagmatischen Charakters des Dienstvertrages verliert der Dienstverpflichtete seinen Vergütungsanspruch aus § 611 Abs. 1 BGB.

2. Unmöglichkeit, § 275 Abs. 1 - 3 BGB

Ist die Leistung dem Schuldner unmöglich, richten sich die Rechte des Gläubigers nach § 275 Abs. 4 BGB. Ist der Gläubiger für den Umstand, aus dem sich die Unmöglichkeit ergibt, verantwortlich, behält der Schuldner seinen Vergütungsanspruch, § 326 Abs. 2 BGB.

Besonderheit im Arbeitsrecht
Liegt Unmöglichkeit der Arbeitsleistung vor, verliert der Arbeitnehmer grds. seinen Vergütungsanspruch (kein Lohn ohne Arbeit). Aus sozialen Gesichtspunkten gibt es im Arbeitsrecht aber zahlreiche Ausnahmen von diesem Grundsatz, z.B. bei der Entgeltfortzahlung im Krankheitsfall.

3. Anfechtung, §§ 119 ff BGB

Gemäß § 142 Abs. 1 BGB ist der Dienstvertrag von Anfang an nichtig. Die wechselseitig gewährten Leistungen sind nach den Grundsätzen der ungerechtfertigten Bereicherung (§ 812 Abs. 1 S. 1 Alt. 1 BGB) rückabzuwickeln.

Besonderheiten im Arbeitsrecht
Im Arbeitsrecht wirkt eine Anfechtung bei vollzogenen Arbeitsverhältnissen grds. nicht ex tunc, sondern ex nunc, d. h. nur für die

Zukunft. Grund hierfür ist, dass die Rückabwicklung eines vollzogenen Arbeitsverhältnisses nach den oben geschilderten Regeln meist nicht möglich ist. Man spricht hier von einem „fehlerhaften" bzw. „faktischen" Arbeitsverhältnis.[87]

4. Aufhebungsvertrag

Die Möglichkeit der einvernehmlichen Aufhebung eines Dienstvertrages ist im BGB nicht ausdrücklich geregelt; sie folgt aus der Vertragsfreiheit. Heben die Parteien den Dienstvertrag auf, regeln sie im Aufhebungsvertrag die Rechtsfolgen der Beendigung, z. B. Zeitpunkt der Beendigung, noch ausstehende Vergütung, Herausgabe von Gegenständen etc.

Besonderheiten im Arbeitsrecht
Gemäß § 623 BGB bedarf auch der Auflösungs- bzw. Aufhebungsvertrag der Schriftform.

5. Auflösende Bedingung, § 158 Abs. 2 BGB

Steht ein Dienstvertrag unter einer auflösenden Bedingung, so endigt er mit Eintritt dieser Bedingung. Einer besonderen Erklärung, Kündigung etc. bedarf es hierfür grds. nicht. Der Dienstverpflichtete muss keine Dienstleistungen mehr erbringen, er hat ggf. Anspruch auf noch ausstehende Vergütung.

Besonderheiten im Arbeitsrecht
Gemäß § 620 Abs. 3 BGB i. V. m. §§ 21, 15 Abs. 2 TzBfG bedarf es zur Beendigung noch einer schriftlichen Unterrichtung.[88]

---

[87] Vgl. hierzu die Ausführungen im 6. Teil.
[88] Boecken/Joussen/*Joussen*, § 21 TzBfG Rn. 29.

6. Kündigung

Bei der fristlosen Kündigung endet die Verpflichtung zur Erbringung der Dienstleistung mit sofortiger Wirkung, bei der ordentlichen Kündigung mit Ablauf der Kündigungsfrist. Der Dienstberechtigte hat ggf. noch ausstehende Vergütung zu zahlen. Die weiteren Rechtsfolgen bzw. mit der Beendigung verbundenen Verpflichtungen hängen vom Einzelfall ab. So kommen z. B. die Herausgabe von Schlüsseln und Unterlagen, die Rückgabe eines Dienstfahrzeuges oder auch die Einhaltung eines nachvertraglichen Wettbewerbsverbotes in Betracht.

Endet das Dienstverhältnis durch außerordentliche Kündigung, hat der Dienstverpflichtete gemäß § 628 Abs. 1 BGB Anspruch auf eine noch ausstehende Vergütung. § 628 Abs. 2 BGB gewährt einen Ersatzanspruch für den durch die vorzeitige Beendigung entstandenen Schaden.

Bei dauerhaften Dienstverhältnissen besteht nach § 629 BGB ein Freistellungsanspruch für die Suche nach einem anderen Dienstverhältnis.

Gemäß § 630 BGB hat der Verpflichtete eines dauernden Dienstverhältnisses Anspruch auf ein schriftliches Zeugnis.

Besonderheiten im Arbeitsrecht
§ 630 BGB gilt nicht. Der Zeugnisanspruch eines Arbeitnehmers ergibt sich aus § 109 GewO.

IV. Vernetzung/Praxisbezug

Bei der Beendigung von Dienstverträgen zeigt sich der Zusammenhang zwischen den §§ 611 ff BGB, dem allgemeinen Teil des BGB und dem allgemeinen Schuldrecht besonders gut. Die Rechtsfolgen der Anfechtung oder Aufhebung eines Dienstvertrages versteht man nur, wenn man über die entsprechenden Grundlagenkenntnisse im BGB AT und Schuldrecht AT verfügt. Das Verhältnis zwischen Rücktritt und Kündigung kann man nur nachvollziehen, wenn man die Besonderheiten des Dienst- bzw. Arbeitsvertragsrechts kennt.

Rechtsstreitigkeiten entstehen insbesondere bei der außerordentlichen Beendigung von Dienstverträgen. Dabei geht es i. d. R. um das Vorliegen eines wichtigen Grundes.

Beachte
Auch hier gilt der allgemeine Grundsatz, dass jede Partei die für sie günstigen Tatsachen darlegen und beweisen muss. Wer einen Dienstvertrag fristlos kündigt, muss also das Vorliegen eines wichtigen Grundes darlegen und beweisen.

Bei einem „normalen" Dienstvertrag gibt es i. d. R. keinen Schutz vor ordentlichen Kündigungen. Gerichtliche Auseinandersetzungen hierzu sind daher eher selten.

Besonderheiten im Arbeitsrecht
Rechtliche Auseinandersetzungen finden sowohl bei außerordentlicher als auch bei ordentlicher Kündigung statt. Bei Eingreifen des KSchG ist eine ordentliche Kündigung nur wirksam, wenn sie sozial gerechtfertigt ist. Bei Aufhebungsverträgen sind die Rechtsschutzmöglichkeiten von Arbeitnehmern deutlich eingeschränkter. Erfolgsaussichten bestehen hier meist nur, wenn ein

Anfechtungsgrund vorliegt oder der Vertrag einer Prüfung anhand des AGB-Rechts nicht standhält.

V. Zusammenfassung

Die §§ 611 ff BGB enthalten Spezialvorschriften über die Beendigung von Dienstverträgen; diese gehen dem allgemeinen Schuldrecht vor.

Die Kündigung eines „normalen" Dienstvertrages" bedarf grundsätzlich keiner besonderen Form. Die Sondervorschrift des § 623 BGB gilt nur für Arbeitsverträge.

Bei einer ordentlichen Kündigung gelten für Arbeitsverhältnisse die gesetzlichen Kündigungsfristen des § 622 BGB, soweit keine anderen arbeits- oder tarifvertraglichen Regelungen bestehen. Für sonstige Dienstverträge gelten die sich aus § 621 BGB ergebenden Fristen.

Die Rechtsfolgen der Beendigung von Dienstverträgen hängen von der Art der Beendigung (Kündigung, Anfechtung etc.) ab.

3. Teil: Rechtsquellen des Arbeitsrechts

A. Einführung

Trotz zahlreicher Versuche und Ankündigungen gibt es bisher kein „einheitliches Arbeitsgesetzbuch".[89] Stattdessen ist das Arbeitsrecht in einer Vielzahl unterschiedlicher Rechtsquellen normiert. Zudem spielt das sog. Richterrecht eine erhebliche Rolle. Arbeitsgerichte tragen insbesondere auch durch die Auslegung unbestimmter Rechtsbegriffe zur Fortbildung und Konkretisierung des Arbeitsrechts bei. Dies kann dazu führen, dass verschiedene Arbeitsgerichte unterschiedliche Auffassungen zu ein und derselben Rechtsfrage vertreten und diese Auffassungen einem zeitlichen Wandel unterliegen.

Besonders deutlich geworden ist dies z. B. bei der Auslegung des unbestimmten Rechtsbegriffs „zuvor" i. S. d. § 1 Abs. 2 S. 2 TzBfG. Vor 2011 war das BAG der Auffassung, der Begriff „zuvor" unterliege keinen zeitlichen Beschränkungen. Dementsprechend unterfiel ein Arbeitsverhältnis unabhängig davon, wie lange es in der Vergangenheit zurückgelegen hat, dem § 14 Abs. 2 S. 2 TzBfG.

> *„Das Bundesarbeitsgericht hat ... entschieden, dass es auf den zeitlichen Abstand zwischen dem früheren Arbeitsverhältnis und dem nunmehr ohne Sachgrund befristeten Arbeitsverhältnis (BAG 6. November 2003 - 2 AZR 690/02 - BAGE 108, 269 = AP TzBfG § 14 Nr. 7 = EzA TzBfG § 14 Nr. 7) ebenso wenig ankommt wie*

---

[89] Siehe hierzu Schaub/*Link*, Arbeitsrecht-Handbuch, § 2 Rn. 1

auf die Art der vorherigen Tätigkeit des Arbeitnehmers in dem Betrieb oder für den Betriebsinhaber.[90]

2011 entschied das BAG dann:

Der Möglichkeit, ein Arbeitsverhältnis nach § 14 Abs. 2 Satz 1 TzBfG ohne Sachgrund bis zu zwei Jahre zu befristen, steht ein früheres Arbeitsverhältnis des Arbeitnehmers mit demselben Arbeitgeber nicht nach § 14 Abs. 2 Satz 2 TzBfG entgegen, wenn das Ende des vorangegangenen Arbeitsverhältnisses mehr als drei Jahre zurückliegt.[91]

Nach heftiger Kritik in Literatur und Instanzrechtsprechung entschied das BVerfG, das BAG habe durch diese Rechtsprechung die Grenzen der vertretbaren Auslegung gesetzlicher Vorgaben überschritten. Der Gesetzgeber habe eine solche Karenzzeit von drei Jahren erkennbar nicht regeln wollen.[92] Jedoch könnten die Arbeitsgerichte durch verfassungskonforme Auslegung den Anwendungsbereich des § 14 Abs. 2 S. 2 TzBfG konkretisieren und einschränken. Dies versucht nun das BAG über den Begriff der „Unzumutbarkeit".[93]

Von überragender Bedeutung ist letztlich das Recht der EU und dessen Verhältnis zum nationalen Recht. Die Arbeitsgerichte können den EuGH im Wege eines Vorabentscheidungsverfahrens nach Art. 267 ArbV anrufen. Dieser prüft dann die Vereinbarkeit des deutschen mit dem europäischen Recht.[94]

---

[90] So z. B. BAG vom 29.07.2009, 7 AZN 368/09.
[91] BAG vom 06.04.2011, 7 AZR 716/09.
[92] BVerfG vom 06.06.2018, 1 BvL 7/14, 1 BvL 7/14, 1 BvR 1375/14.
[93] Siehe BAG vom 23.01.2019, 7 AZR 733/16.
[94] Ausführlich hierzu Schwab/*Kerwer*, Verfahren vor BVerfG und EuGH, Rn. 97 ff.

B. Überblick

I. Die wichtigsten Rechtsgrundlagen

Die Rechtsquellen des Arbeitsrechts lassen sich in drei große Bereiche unterteilen. Dies sind das supranationale Recht, das internationale Privatrecht als Kollisionsrecht und das nationale Recht. Hieraus ergibt sich die sog. Normenpyramide. Das internationale Privatrecht ist in der nachfolgenden Abbildung nicht enthalten, da es „lediglich" regelt, welches Recht bei Auslandsbezügen Anwendung findet.

Supranationales Recht

Nationales Recht

- Verfassung
- Gesetz
- Rechtsverordnung
- Tarifvertrag
- Betriebsvereinbarung
- Arbeitsvertrag
- Weisungsrecht
- ...

Auf der obersten Ebene steht das supranationale (überstaatliche) Arbeitsrecht, also der Teil des Arbeitsrechts, der über die Grenzen eines einzelnen Staats hinauswirkt. Hierzu gehört zunächst das

Recht der Europäischen Union, das im Primärrecht, insbesondere in den Gründungsverträgen, arbeitsrechtliche Vorschriften enthält. So regelt z. B. Art. 45 des Vertrags über die Arbeitsweise der Europäischen Union die Freizügigkeit der Arbeitnehmer. Das Sekundärrecht enthält in verschiedenen Rechtsverordnungen und Richtlinien wichtige Regelungen für das nationale Arbeitsrecht, z. B. die Arbeitszeitrichtlinie (2003/88/EG), die Befristungsrichtlinie (EU-Richtlinie (1999/70/EG) oder die Teilzeitrichtlinie (97/81 EG). Weiterhin gehören zum supranationalen Recht die Europäische Sozialcharta und die Europäische Menschenrechtskonvention.

Das internationale Privatrecht regelt in der Rom-I-Verordnung, welches Recht auf Arbeitsverhältnisse mit Auslandsbezug Anwendung findet.

Auf nationaler Ebene finden Sie arbeitsrechtliche Vorschriften im Grundgesetz (Verfassung), in Bundes- und Landesgesetzen, Rechtsverordnungen, Tarifverträgen, Betriebsvereinbarungen und Arbeitsverträgen. Weiterhin relevant sind die betriebliche Übung, Gesamt- und Einzelzusagen, der arbeitsrechtliche Gleichbehandlungsgrundsatz und das Direktionsrecht des Arbeitgebers.

Das Verhältnis dieser Rechtsquellen zueinander wird durch das Rangprinzip bestimmt. Das höherrangige Recht bricht das niederrangige Recht.

Beispiel
Sollen Sie nach Ihrem Arbeitsvertrag 80 Stunden pro Woche arbeiten, verstößt dies gegen §§ 1, 3 ArbZG. Da das ArbZG höherrangig als der Arbeitsvertrag ist, ist die Regelung in Ihrem Arbeitsvertrag unwirksam.

Arbeitsrechtlich relevant sind in der <u>Verfassung</u> insbesondere die Art. 2, 3, 4, 9, 12, 14 GG.[95] Auf einfachgesetzlicher Ebene sind häufig BGB, KSchG, BetrVG, TVG, EFZG und AGG anzuwenden.

<u>Tarifverträge</u> sind schriftliche Verträge zwischen Gewerkschaften, einzelnen Arbeitgebern sowie Vereinigungen von Arbeitgebern (§§ 1, 2 Abs. 1 TVG). Wer an Tarifverträge gebunden ist, ergibt sich aus § 3 Abs. 1 TVG. Der Arbeitgeber muss also Mitglied des jeweiligen Arbeitgeberverbandes sein, der Arbeitnehmer Mitglied der jeweiligen Gewerkschaft. Eine Ausnahme enthält § 5 Abs. 1 TVG, die Allgemeinverbindlichkeitserklärung. Gemäß § 5 Abs. 4 TVG erfassen die Normen eines Tarifvertrages in seinem Geltungsbereich auch die bisher nicht tarifgebundenen Arbeitgeber und Arbeitnehmer.

Gemäß § 6 TVG wird beim Bundesministerium für Arbeit und Soziales ein Tarifregister geführt, in das Abschluss, Änderung und Aufhebung von Tarifverträgen sowie Beginn und Beendigung der Allgemeinverbindlichkeitserklärung eingetragen werden.

Unterhalb dieser Ebene sind Betriebsvereinbarung, Arbeitsvertrag und das Weisungsrecht wichtige Rechtsquellen. Eine <u>Betriebsvereinbarung</u> ist ein schriftlicher Vertrag zwischen Arbeitgeber und Betriebsrat, § 77 BetrVG. Eine solche Vereinbarung wirkt gemäß § 77 Abs. 4 BetrVG unmittelbar und zwingend. Allerdings können Arbeitsbedingungen nicht durch Betriebsvereinbarung geregelt werden, wenn diese Bedingungen üblicherweise Gegen-

---

[95] Vgl. die Beispiele in BAG vom 10.10.2002, 2 AZR 472/01; BAG vom 20.08.2009, 2 AZR 499/08.

stand eines Tarifvertrags sind (sog. Sperrwirkung des Tarifvertrags).[96]

Der Arbeitsvertrag ist der konkrete Vertrag zwischen Arbeitgeber und Arbeitnehmer. Arbeitsverträge stellen i. d. R. Allgemeine Geschäftsbedingungen dar.

Das Weisungsrecht ergibt sich aus § 106 GewO. Wichtig ist hier insbesondere die Formulierung, „... soweit diese Arbeitsbedingungen nicht durch ... (anderweitige) Vorschriften festgelegt sind". Bestehen solche anderweitigen Regelungen, gehen diese dem Weisungsrecht vor.

Weiterhin relevant sind im Arbeitsrecht Gesamt- und Einzelzusagen, die betriebliche Übung und der Gleichbehandlungsgrundsatz.[97]

II. Vernetzung/Praxisbezug

Oben wurde das sog. Rangprinzip erläutert, wonach das höherrangige Recht grundsätzlich das niederrangige Recht „bricht". Hierzu gibt es praxisrelevante Ausnahmen bzw. Besonderheiten. Nach dem Günstigkeitsprinzip geht eine niederrangige Regelung ausnahmsweise dem höherrangigen Recht vor, wenn sie für den

---

[96] Es sei denn, der Tarifvertrag lässt eine Regelung durch eine Betriebsvereinbarung zu, § 77 III BetrVG.

[97] Diese arbeitsrechtlichen Besonderheiten werden Band 5, Teil 2, behandelt.

Arbeitnehmer vorteilhafter, günstiger ist.

Beispiel
In Ihrem Arbeitsvertrag wird ein Urlaubsanspruch von 30 Werktagen vereinbart. Gemäß § 3 Abs. 1 BurlG beträgt der gesetzliche Mindesturlaub 24 Werktage. Das BUrlG ist nach dem Rangprinzip zwar höherrangiger als der Arbeitsvertrag. Die arbeitsvertragliche Regelung ist aber günstiger für Sie und geht daher dem BUrlG vor. Sie haben einen Anspruch auf 30 Werktage Urlaub.[98]

Das nationale Arbeitsrecht wird oftmals vom europäischen Recht beeinflusst. Zahlreiche wichtige arbeitsrechtliche Regelungen transformieren europäisches Recht in deutsches Recht. So basiert das TzBfG auf der Richtlinie 97/81/EG zur Teilzeitarbeit, § 17 KSchG basiert (auch) auf der Richtlinie 98/59/EG über Massenentlassungen.

Aufgrund der enormen praktischen Bedeutung des europäischen Rechts für das nationale Recht kommt es vor dem EuGH regelmäßig zu Verfahren über die Frage, ob deutsches Recht gegen europäisches Recht verstößt.

Beispiel
2010 entschied der EuGH, dass § 622 Abs. 2 S. 2 BGB gegen die Gleichbehandlungsrahmenrichtlinie verstößt.[99] 2017 stellte der EuGH fest, dass die Altersgrenze von 65 Jahren für Piloten im Tarifvertrag eines Luftfahrtunternehmens mit europäischem Recht vereinbar und keine Altersdiskriminierung ist.[100] Im Mai 2019 ent-

---

[98] Beachten Sie die Unterscheidung von Werk- und Arbeitstagen. Werktage sind gemäß § 3 Abs. 2 BUrlG alle Kalendertage, die nicht Sonn- oder gesetzliche Feiertage sind. Der Samstag ist somit ein Werktag.
[99] EuGH, Urteil vom 19.01.2010 - C-555/07. § 622 II 2 BGB wurde zwischenzeitlich aufgehoben und aus dem BGB „gestrichen".
[100] EuGH, Urteil vom 05.07.2017 - C 190/16.

schied der EuGH, der Schutz des Arbeitnehmers und die EU-Arbeitszeit-Richtlinie (2003/88/EG) verlangten von Unternehmen, ein System zur Erfassung der täglichen effektiv geleisteten Arbeitszeit zu schaffen. Nach deutschem Recht ist der Arbeitgeber gemäß § 16 Abs. 2 ArbZG nur verpflichtet, die über die zulässige werktägliche Arbeitszeit von acht Stunden hinausgehende Arbeitszeit aufzuzeichnen. Umstritten ist, ob diese Regelung europarechtskonform ausgelegt werden kann oder der Gesetzgeber eine entsprechende nationale Regelung zur Umsetzung des Urteils erlassen muss.[101]

III. Zusammenfassung

Die unterschiedlichen Rechtsquellen des Arbeitsrechts stehen im Verhältnis des Rangprinzips zueinander. Ausnahme: Günstigkeitsprinzip.

Wichtige Rechtsquellen sind im deutschen Arbeitsrecht, neben gesetzlichen Regelungen, u. a. Tarifverträge, Betriebsvereinbarungen, Arbeitsverträge, Gesamt- und Einzelzusagen, die betriebliche Übung, der Gleichbehandlungsgrundsatz sowie das Weisungsrecht des Arbeitgebers.

Zahlreiche Bereiche des deutschen Arbeitsrechts werden durch das europäische Recht beeinflusst.

---

[101] EuGH, Urteil vom 14.05.2019 - C-55/18. Zur Diskussion über die Folgen des Urteils vgl. Ulber, NZA 2019, 677 ff.

4. Teil: Parteien/Beteiligte im Arbeitsrecht

A. Überblick

Die „klassischen Spieler" im Arbeitsrecht sind zunächst Arbeitnehmer und Arbeitgeber. Bereits in dieser Rechtsbeziehung sind aber zahlreiche Abgrenzungsfragen zu klären, die zu weiteren Beteiligten führen können. Das Recht, zur Wahrung und Förderung der Arbeits- und Wirtschaftsbedingungen Vereinigungen zu bilden, wird durch Art. 9 Abs. 3 S. 1 GG (Koalitionsfreiheit) gewährleistet. Hieraus ergeben sich als weitere Beteiligte Gewerkschaften und Arbeitgeberverbände. Schließlich ermöglicht das BetrVG die Bildung von Betriebsräten, das SprAuG die Errichtung von Sprecherausschüssen für leitende Angestellte.

B. Arbeitnehmer und Arbeitgeber

I. Arbeitgeber

Arbeitgeber ist, wer mindestens einen Arbeitnehmer beschäftigt. Die Rechtsform spielt keine Rolle, d. h. jede natürliche und juristische Person kann Arbeitgeber sein.[102] Das BAG definiert den Arbeitgeber - für die individualarbeitsrechtliche „Sichtweise - als den

> *„... Teil des Arbeitsverhältnisses, also derjenige, der die Dienstleistungen vom Arbeitnehmer kraft des Arbeitsvertrages fordern kann ... und damit die wirtschaftliche und organisatorische Dispositionsbefugnis über die Arbeitsleistung des Arbeitnehmers und den Nutzen aus ihr hat."[103]*

---

[102] So ErfK/*Preis*, § 611a Rn. 183, 184 m. w. Nw.
[103] BAG vom 27.09.2012, 2 AZR 838/11.

Betriebsverfassungsrechtlich ist Arbeitgeber der Inhaber der betrieblichen Organisationsmacht.[104]

II. Arbeitnehmer

Generationen von Juristen vor Ihnen mussten die Definition für Arbeitnehmer auswendig lernen. Zwar fehlt immer noch eine Legaldefinition im BGB. Aus der Definition des Arbeitsvertrages in § 611a Abs. 1 BGB können Sie jedoch die wesentlichen Kriterien der Arbeitnehmereigenschaft ableiten.

Nach ständiger Rechtsprechung des BAG ist Arbeitnehmer,

> *„… wer aufgrund eines privatrechtlichen Vertrags im Dienste eines anderen zur Leistung weisungsgebundener, fremdbestimmter Arbeit in persönlicher Abhängigkeit verpflichtet ist. Das Weisungsrecht kann Inhalt, Durchführung, Zeit, Dauer und Ort der Tätigkeit betreffen. Arbeitnehmer ist derjenige Mitarbeiter, der nicht im Wesentlichen frei seine Tätigkeit gestalten und seine Arbeitszeit bestimmen kann."* [105]

Wenn Sie § 611a Abs. 1 BGB lesen, sehen Sie, dass dieser eine nahezu wortgleiche Regelung enthält. Durch den Arbeitsvertrag wird nach § 611a Abs. 1 S. 1 BGB der Arbeitnehmer im Dienste eines anderen zur Leistung weisungsgebundener, fremdbestimmter Arbeit in persönlicher Abhängigkeit verpflichtet. [106] Gemäß

---

[104] MüHdb ArbR/*Richter*, § 23 Rn. 3.

[105] BAG vom 21.11.2017, 9 AZR 117/17.

[106] Es gibt jedoch keine einheitliche Definition des Arbeitnehmers für alle Rechtsgebiete. So ist der betriebsverfassungsrechtliche Arbeitnehmerbegriff in § 5 BetrVG geregelt, die sozialversicherungsrechtliche Einordnung findet sich in § 7 SGB IV.

§ 611a Abs. 1 S. 5, 6 BGB ist nicht die Bezeichnung des Vertrages, sondern die tatsächliche Durchführung entscheidend.

Ausgehend von diesen Grundsätzen sind Beamte, Soldaten, Richter oder auch Strafgefangene keine Arbeitnehmer, da es an einem privatrechtlichen Vertrag fehlt. Sie stehen in einem öffentlich-rechtlichen bzw. hoheitlichen Rechtsverhältnis.

Beachte
Einen einheitlichen Arbeitnehmerbegriff für alle Rechtsbegriffe gibt es nicht. So definiert § 7 Abs. 1 S. 1 SGB IV den sozialversicherungsrechtlichen Beschäftigten als denjenigen, der nichtselbstständige Arbeit leistet, insbesondere in einem Arbeitsverhältnis. Nach § 7 Abs. 1 S. 2 SGB IV sind Anhaltspunkte für eine Beschäftigung in diesem Sinn eine Tätigkeit nach Weisungen und eine Eingliederung in die Arbeitsorganisation des Weisungsgebers.[107]

1. Abgrenzung zum freien Mitarbeiter
Ob jemand Arbeitnehmer oder freier Mitarbeiter ist, hängt davon ab, ob eine weisungsgebundene, fremdbestimmte Arbeit in persönlicher Abhängigkeit ausgeübt wird.

Das Weisungsrecht kann gemäß § 611a Abs. 1 S. 2 BGB Inhalt, Zeit und Ort der Tätigkeit betreffen. Nach § 611a Abs. 1 S. 3 BGB ist weisungsgebunden, wer nicht im Wesentlichen frei seine Tätigkeit gestalten und seine Arbeitszeit bestimmen kann.

Umgekehrt ist gemäß § 84 Abs. 1 S. 2 HGB selbstständig, also

---

[107] Die Kriterien sind also weitgehend vergleichbar mit denen in § 611a BGB. Vielfach wird das Ergebnis einer rechtlichen Einordnung daher identisch sein; vgl. weitergehend ErfK/*Rolfs*, § 7 SGB IV, Rn. 2.

gerade kein Arbeitnehmer, wer im Wesentlichen frei seine Tätigkeit gestalten und seine Arbeitszeit bestimmen kann. In welchem Umfang jemand in persönlicher Abhängigkeit Leistungen erbringt, hängt nach § 611a Abs. 1 S. 4 BGB auch von der Eigenart der Tätigkeit ab.

Ob nach diesen Kriterien ein Arbeitsvertrag vorliegt, ist gemäß § 611a Abs. 1 S. 5 BGB durch eine Gesamtbetrachtung aller Umstände zu entscheiden. Die wichtigsten Kriterien für die Abgrenzung sind die Eingliederung in den Betrieb, ob umfassende Berichtspflichten bestehen, die Art der Vergütung und ob im Krankheitsfall Entgeltfortzahlung nach dem EFZG geleistet wird.

2. Abgrenzung zum leitenden Angestellten
Auch für leitende Angestellte gibt es keinen einheitlichen Begriff.

Beachte
Leitende Angestellte haben eine Art „Zwitterstellung". Sie sind Arbeitnehmer, nehmen aber teilweise auch Arbeitgeberfunktionen wahr. Auf sie sind daher nicht alle arbeitsrechtlichen Schutzvorschriften anwendbar.

Gemäß § 14 Abs. 2 KSchG finden die Vorschriften des ersten Abschnitts des KSchG auf Geschäftsführer, Betriebsleiter und ähnliche leitende Angestellte, die zur selbstständigen Einstellung oder Entlassung von Arbeitnehmern berechtigt sind, nur in dem dort beschriebenen Umfang Anwendung. Hinsichtlich der kollektivrechtlichen Einordnung ist § 5 Abs. 2 BetrVG zu beachten. Liegen dessen Voraussetzungen vor, ist das BetrVG grundsätzlich nicht anwendbar.

3. Abgrenzung zum GmbH-Geschäftsführer

Der Geschäftsführer einer GmbH vertritt diese gemäß § 35 Abs. 1
GmbHG gerichtlich und außergerichtlich. Er ist Organ der Gesellschaft und daher grundsätzlich kein Arbeitnehmer. Dennoch ist
die Rechtsstellung des Geschäftsführers im Arbeitsrecht ein
„Dauerthema" in Rechtsprechung und Literatur.[108]

a. Zweiteilung des Rechtsverhältnisses

Das Rechtsverhältnis des Geschäftsführers zur GmbH ist zweige-
teilt.

Doppelstellung/Trennungstheorie	
Außenverhältnis	Innenverhältnis
•Organ, gesetzlicher Vertreter, §§ 35, 38 GmbHG	•Angestellter der GmbH •Regelungen zu Gehalt, Urlaub etc. im Dienst- bzw. Anstellungsvertrag

Der Geschäftsführeranstellungsvertrag betrifft das Innenverhältnis und ist i. d. R. ein freier Dienstvertrag. Er regelt die Tätigkeit
des Geschäftsführers, z. B. Dauer des Vertrags, Vergütung, Urlaub, Dienstwagen etc. Davon zu trennen ist die Bestellung zum
Organ der Gesellschaft (Außenverhältnis). Hierbei handelt es sich

---

[108] Vgl. statt aller ErfK/*Preis*, § 611a BGB, Rn. 88 m. w. Nw.

um einen ausschließlich gesellschaftsrechtlichen Akt. Beide Vertragsverhältnisse sind unabhängig voneinander zu betrachten und können unterschiedliche rechtliche Schicksale haben. So kann eine Abbestellung als Geschäftsführer erfolgen, der Anstellungsvertrag aber bestehen bleiben. Will sich die GmbH ganz vom Geschäftsführer trennen, müssen beide Rechtsverhältnisse beendet werden.

b. Fremdgeschäftsführer
Weiterhin ist danach zu unterscheiden, ob der Geschäftsführer zugleich auch Gesellschafter der GmbH ist. Hat der Geschäftsführer keine Gesellschaftsanteile, wird er als Fremdgeschäftsführer bezeichnet.

c. Materiell-rechtliche Einordnung als Arbeitnehmer
Nach der Rechtsprechung des BGH sind Geschäftsführer einer GmbH aufgrund ihrer Organstellung niemals Arbeitnehmer. Der Anstellungsvertrag des Geschäftsführers einer GmbH sei ein auf die Geschäftsbesorgung durch Ausübung des Geschäftsführeramtes gerichteter freier Dienstvertrag. Dieser regele nachrangig zum gesellschaftsrechtlichen Organverhältnis diejenigen Rechtsbeziehungen zwischen Geschäftsführer und Gesellschaft, welche nicht bereits durch die organschaftliche Stellung des Geschäftsführers vorgegeben seien. Ein Arbeitsverhältnis liege daher nicht vor. Allerdings könnten die Parteien im Rahmen der Privatautonomie eine entsprechende Anwendbarkeit arbeitsrechtlicher Vorschriften vereinbaren.[109]

---

[109] So BGH vom 10.05.2010, II ZR 70/09.

Auch nach der Rechtsprechung des BAG sind Geschäftsführer einer GmbH grundsätzlich keine Arbeitnehmer. Das sei jedenfalls dann anzunehmen, wenn der Geschäftsführer zugleich Gesellschafter sei und

> *„einen so großen Einfluss auf die Führung der Gesellschaft hat, dass er über seine Gesellschafterstellung letztlich auch die Leitungsmacht hat. Ob ein solcher Einfluss besteht, richtet sich in erster Linie nach den Stimmrechtsverhältnissen. Dementsprechend kann regelmäßig ein Gesellschafter, dem mehr als 50 % der Stimmrechte zustehen, nicht zugleich Arbeitnehmer dieser Gesellschaft sein. Auch der Minderheitsgesellschafter ist bei Bestehen einer Sperrminorität im Regelfall kein Arbeitnehmer.*[110]

Der Geschäftsführer einer GmbH werde für diese i. d. R. auf der Grundlage eines freien Dienstvertrags, nicht eines Arbeitsvertrages tätig. Dies gelte unabhängig davon, ob der (Fremd-)Geschäftsführer einen starken Anteilseigner oder einen weiteren Geschäftsführer neben sich habe, der die konkrete Geschäftstätigkeit bestimmend mitgestaltet. Es komme dementsprechend nicht entscheidend darauf an, welchen Gebrauch der GmbH-Geschäftsführer im Innenverhältnis nach § 37 Abs. 1 GmbHG von seiner im Außenverhältnis wegen §§ 35, 37 Abs. 2 GmbHG unbeschränkten Vertretungsbefugnis machen dürfe. § 37 Abs. 1 GmbHG sei eine Norm zur Abgrenzung der Kompetenzen der Gesellschaftsorgane untereinander. Auch gegenüber einem Geschäftsführer als freiem Dienstnehmer stehe der Gesellschaft ein unternehmerisches Weisungsrecht zu. Dagegen setze ein Arbeitsverhältnis voraus, dass die Gesellschaft eine Weisungsbe-

---

[110] BAG vom 17.01.2017, 9 AZR 76/16.

fugnis auch bezüglich der Umstände habe, unter denen der Geschäftsführer seine Leistung zu erbringen habe. Dieses Weisungsrecht müsse über das gesellschaftsrechtliche Weisungsrecht der Gesellschaft hinausgehen.[111]

Sind GmbH-Geschäftsführer weisungsgebunden und werden in persönlicher Abhängigkeit tätig, kann im Ausnahmefall materiell-rechtlich ein Arbeitsvertrag und kein freier Dienstvertrag vorliegen. Dies kann Auswirkungen für die sozialversicherungsrechtliche Einordnung des Geschäftsführers haben. Unterliegen sie den Weisungen der Gesellschafter, können sie Beschäftigte i. S. d. § 7 Abs. 1 SGB IV sein.[112] Sind sie zugleich Gesellschafter der GmbH, hängt die Einordnung von der Höhe ihrer Beteiligung am Stammkapital ab. Um sozialversicherungsrechtlich keine Beschäftigten zu sein, müssen sie mehr als 50% des Stammkapitals halten.[113] Sind GmbH-Geschäftsführerinnen sozialversicherungsrechtliche Beschäftigte, ist das MuSchG auf sie anwendbar. Gemäß § 1 Abs. 2 S. 1 MuSchG gilt das Gesetz für Frauen in einer Beschäftigung i. S. v. § 7 Abs. 1 SGB IV![114]

Beachte
Das KSchG ist gemäß § 14 Abs. 1 Nr. 1 KSchG auf Vertreter von juristischen Personen, also auf GmbH-Geschäftsführer, nicht anwendbar. Dies gilt nach dem BAG auch dann, wenn das der Organstellung zugrunde liegende schuldrechtliche Anstellungsverhältnis materiell-rechtlich als Arbeitsverhältnis zu qualifizieren sei.[115]

Umstritten ist, ob Fremdgeschäftsführer einer GmbH bei der Berechnung des Schwellenwerts nach § 17 KSchG als Arbeitnehmer

---

[111] BAG vom 21.01.2019, 9 AZB 23/18.
[112] Vgl. BSG vom 15.03.2017, B 12 KR 13/17R, B 12 R 5/16 R.
[113] Ausführlich hierzu ErfK/*Rolfs*, § 7 SGB IV, Rn. 20 ff.
[114] Zur Anwendbarkeit des MuSchG vgl. auch EuGH vom 11.11.2010, C-232/09 (Danosa).
[115] BAG vom 21.09.2017, 2 AZR 865/16. Zur Problematik des „ruhenden Arbeitsverhältnisses" vgl. Kemper, Arbeitsrecht effektiv, Band 2, S. 16 f.

gelten. Nach § 17 Abs. 1 KSchG ist ein Arbeitgeber verpflichtet, der Agentur für Arbeit Anzeige zu erstatten, bevor er eine Massenentlassung vornimmt. Ab welcher Anzahl von Entlassungen eine Anzeige erforderlich ist, bestimmen die in § 17 Abs. 1 KSchG geregelten Schwellenwerte. Gemäß § 17 Abs. 5 Nr. 1 KSchG gelten gesetzliche Vertreter einer juristischen Person nicht als Arbeitnehmer i. S. d. § 17 KSchG und müssten daher eigentlich bei einer Massenentlassung für die Berechnung des Schwellenwerts nicht berücksichtigt werden. Nach Auffassung des EuGH verstößt diese Vorschrift allerdings gegen die Richtlinie 98/59/EG des Rates vom 20.07.1998 zur Angleichung der Rechtsvorschriften der Mitgliedstaaten über Massenentlassung (Massenentlassungsrichtlinie). Fremdgeschäftsführer müssen daher bei der Feststellung, ob eine Massenentlassung vorliegt, „mitgezählt" werden.[116]

d. Prozessuale Einordnung

Gemäß § 5 Abs. 1 S. 3 ArbGG sind GmbH-Geschäftsführer keine Arbeitnehmer i. S. d. ArbGG. Diese Fiktionswirkung gilt unabhängig davon, ob der Anstellungsvertrag materiell-rechtlich als Arbeitsvertrag einzustufen ist. Sie können also grundsätzlich nicht vor den Arbeitsgerichten klagen.[117]

4. Abgrenzung zum Werkvertrag

Die Abgrenzung von Arbeitsvertrag und Werkvertrag richtet sich u. a. danach, welche Leistung geschuldet wird. Beim Arbeitsvertrag schuldet der Arbeitnehmer keinen bestimmten Erfolg, sondern nur die Arbeitsleistung. Dagegen wird beim Werkvertrag der

---

[116] EuGH vom 09.07.2015, C-229/14.
[117] Zu den Ausnahmen von diesem Grundsatz vgl. z. B. ErfK/*Koch*, § 5 ArbGG Rn. 6 ff.

Unternehmer gemäß § 631 Abs. 1 BGB nicht nur zur bloßen Erbringung von Diensten, sondern zur Herstellung eines versprochenen Werks verpflichtet.

Beachte
Im Gegensatz zum Arbeitsvertrag wird beim Werkvertrag also ein bestimmter Erfolg geschuldet.

Ein typischer Werkvertrag i. S. d. § 631 Abs. 1 BGB ist z. B. der Bauvertrag. Hier schuldet der Auftragnehmer (Werkunternehmer) dem Auftraggeber (Bauherr) ein mangelfreies Haus. Der als Arbeitnehmer beim Werkunternehmer tätige Bauarbeiter schuldet diesem gegenüber jedoch keinen bestimmten Erfolg, sondern nur seine Arbeitsleistung.

III. Vernetzung/Praxisbezug
1. GmbH-Geschäftsführer

Die Arbeitnehmereigenschaft ist grundsätzlich Voraussetzung für die Anwendung von Arbeitnehmerschutzvorschriften wie z. B. KSchG, das EFZG oder das BetrVG. Der GmbH-Geschäftsführer kann sich daher gegen die Beendigung seines Anstellungsvertrages durch die Gesellschaft i. d. R. nicht vor dem Arbeitsgericht wehren. Dies hat erhebliche Auswirkungen auf die Prozessführung.

▶ Bei einer Klage vor den ordentlichen Gerichten muss der Kläger in einer bürgerlich-rechtlichen Streitigkeit zunächst gemäß §§ 6, 12 Abs. 1 GKG einen Gerichtskostenvorschuss leisten. In Verfahren vor den Arbeitsgerichten gilt dies nicht, § 11 GKG.
▶ Aufgrund der Höhe des Streitwertes wird bei einer Klage vor den ordentlichen Gerichten meist das Landgericht zuständig

sein. Gemäß § 78 Abs. 1 ZPO müssen sich die Parteien hier durch einen Rechtsanwalt vertreten lassen, es besteht also Anwaltszwang. Nach § 11 Abs. 1 ArbGG gibt es einen solchen Anwaltszwang vor Arbeitsgerichten nicht. Die Parteien können den Rechtsstreit selbst führen.

▶ Vor den ordentlichen Gerichten trägt die unterliegende Partei gemäß § 91 Abs. 1 S. 1 ZPO die Kosten des Verfahrens, insbesondere auch die des Gegners. Zu den Kosten des Gegners gehören auch dessen Anwaltskosten, § 91 Abs. 2 ZPO. Nach § 12a Abs. 1 ArbGG besteht im ersten Rechtszug, also beim Arbeitsgericht, kein Anspruch der obsiegenden Partei auf Erstattung der Kosten für einen Anwalt. Jede Partei trägt also unabhängig vom Ausgang des Verfahrens ihre eigenen Anwaltskosten.

▶ Vor dem Arbeitsgericht findet meist nach wenigen Wochen gemäß § 54 Abs. 1 ArbGG ein sog. Güteverfahren statt. In Verfahren vor dem Landgericht dauert es oftmals viele Monate, bis eine gerichtliche Verhandlung anberaumt wird.

Ein Verfahren vor der Arbeitsgerichtsbarkeit ist also für den klagenden GmbH-Geschäftsführer aus vielen Gründen „günstiger".

2. Werkvertrag

Ist ein Rechtsverhältnis als Werk- und nicht als Arbeitsvertrag einzuordnen, hat der Auftragnehmer grundsätzlich keinen Schutz vor der Beendigung des Vertrages. Ein Auftraggeber kann sich also jederzeit von einem Auftragnehmer trennen;[118] dieser hat keinen Anspruch auf Folgeaufträge. Für die Beendigung eines Arbeitsverhältnisses bedarf es bei Anwendbarkeit des KSchG dagegen eines Kündigungsgrundes. In der Praxis werden daher vielfach sog. Statusklagen geführt, mit denen Auftragnehmer festgestellt haben wollen, dass sie tatsächlich Arbeitnehmer und nicht

---

[118] Eine vorzeitige Beendigung des Vertrages, ohne dass ein wichtiger Grund vorliegt, kann jedoch zu Schadensersatzansprüchen des Auftragnehmers führen.

Werkunternehmer sind.

Vom Werkvertrag abzugrenzen ist weiterhin insbesondere die Arbeitnehmerüberlassung. Die zunehmende Entgrenzung von Arbeit führt aber auch zu anderen Formen des Einsatzes von Fremdpersonal. Hierzu gehört z. B. das sog. Crowdworking, dessen Rechtsnatur umstritten ist.[119] Die h. M. geht derzeit davon aus, dass Crowdworker keine Arbeitnehmer sind, sondern Selbstständige, die im Rahmen von Dienst- oder Werkverträgen für Unternehmen tätig werden.

3.   Rechtsfolgen einer „Scheinselbstständigkeit"

Wird jemand als freier Mitarbeiter oder Auftragnehmer eines Werkvertrages beschäftigt, erfüllt aber tatsächlich die Voraussetzungen für einen Arbeitnehmer, so kommt es gemäß § 611a Abs. 1 S. 6 BGB nicht auf die Bezeichnung des Vertrages, sondern auf die tatsächliche Durchführung an. Stellt ein Arbeitsgericht auf die Klage eines solchen Arbeitnehmers hin fest, dass ein Arbeitsverhältnis besteht, so hat dies für das Rechtsverhältnis erhebliche Folgen.

---

[119] Siehe hierzu z. B. Schaub/*Koch*, Arbeitsrecht von A-Z, Stichwort Crowdworking; Frank/Heine, NZA 2020, 292 ff.; Heise, NZA-Beilage 2019, 100 ff., jeweils m. w. Nw.

- ▶ Das Rechtsverhältnis zwischen den Parteien wird rückwirkend wie ein Arbeitsverhältnis behandelt. Der Arbeitgeber schuldet also Urlaub, Entgeltfortzahlung und ggf. greift der Kündigungsschutz ein.
- ▶ Der Arbeitnehmer hat rückwirkend Anspruch auf die für eine vergleichbare Tätigkeit geschuldete Vergütung. Ist diese Vergütung niedriger als diejenige, die er als freier Mitarbeiter erhalten hat, kann er allerdings auch verpflichtet sein, die Differenz nach § 812 Abs. 1 S. 1 Alt. 1 BGB zu erstatten.[120]
- ▶ Für die Zahlung der Sozialversicherungsbeiträge ist zunächst der Arbeitgeber allein verantwortlich, § 28e Abs. 1 SGB IV. Er muss für die Vertragslaufzeit (im Rahmen der Verjährung vier Jahre plus angefangenes Jahr, § 25 Abs. 1 SGB IV) Gesamtsozialversicherungsbeiträge nachentrichten und ggf. Säumniszuschläge nach § 24 SGB IV zahlen.
- ▶ Im Innenverhältnis hat der Arbeitgeber gegenüber dem Arbeitnehmer grundsätzlich Rückforderungsansprüche, da der Arbeitnehmer gemäß § 28g S. 1 SGB IV eigentlich die Hälfte der Sozialversicherungsbeiträge hätte tragen müssen. Allerdings ist nach § 28g S. 2 SGB IV ein Abzug allenfalls in den nächsten drei Monaten möglich, sofern nicht die Ausnahme des § 28g S. 4 SGB IV eingreift. Ist das Arbeitsverhältnis bereits beendet, ist der Anspruch nicht mehr durchsetzbar, da eine Erstattung nur im Lohnabzugsverfahren möglich ist.
- ▶ Der Arbeitgeber muss u. U. seine Umsatzsteuererklärungen berichtigen, wenn er Umsatzsteuer an den Beschäftigten gezahlt und diese im Wege des Vorsteuerabzugs geltend gemacht hat.
- ▶ Letztlich können die strafrechtlichen Folgen des § 266a StGB (Vorenthalten/Veruntreuen von Arbeitsentgelt) eingreifen.

Um derartige Situationen zu vermeiden, haben Arbeitgeber die

---

[120] Zu den Voraussetzungen eines solchen Rückzahlungsanspruchs vgl. BAG vom 26.06.2019, 5 AZR 178/18 und LAG Schleswig-Holstein vom 21.01.2020, 1 Sa 115/19.

Möglichkeit, bei Zweifeln über die Rechtsnatur des Rechtsverhält-
nisses vorab die Arbeitnehmerschaft feststellen zu lassen. Gemäß § 28h Abs. 2 SGB IV kann eine sozialrechtliche Versiche-
rungs- bzw. Beitragspflicht durch die zuständige Krankenkasse o-
der nach § 7a SGB IV im Wege des Anfrageverfahrens durch die
Clearingstelle der Deutschen Rentenversicherung geklärt werden. Zudem können Arbeitgeber gemäß § 42e EStG eine verbindliche Auskunft über die steuerliche Behandlung von Leistungen im
Lohnabzugsverfahren einholen.

IV. Zusammenfassung

Gemäß § 611a Abs. 1 S. 6 BGB kommt es für die rechtliche Einordnung eines Vertrages nicht auf dessen Bezeichnung, sondern
auf die tatsächliche Durchführung an.

Ist ein als „freier Mitarbeitervertrag" oder „Werkvertrag" bezeich-
netes Rechtsverhältnis tatsächlich ein Arbeitsvertrag, so ist dieses von Anfang an als Arbeitsvertrag zu behandeln. Dies kann
erhebliche arbeits-, sozialversicherungs-, steuer- und strafrechtli-
che Folgen haben.

GmbH-Geschäftsführer sind regelmäßig keine Arbeitnehmer.
Sind sie jedoch weisungsgebunden und werden in persönlicher
Abhängigkeit tätig, kann im Ausnahmefall materiell-rechtlich ein
Arbeitsvertrag und kein freier Dienstvertrag vorliegen.

C.   Betriebsrat und Sprecherausschuss

In Betrieben mit i. d. R. mindestens fünf ständigen wahlberechtigten Arbeitnehmern können Betriebsräte gewählt werden. Vom Betrieb i. S. d. BetrVG sind die Begriffe „Unternehmen", „Konzern", „gemeinsamer Betrieb" und „Betriebsteil" abzugrenzen.[121] Hat ein Unternehmen mehrere Betriebsräte, ist gemäß § 47 Abs. 1 BetrVG ein Gesamtbetriebsrat zu errichten. Für einen Konzern kann nach § 54 Abs. 1 BetrVG ein Konzernbetriebsrat eingerichtet werden. In gemeinschaftsweit tätigen Unternehmen und Unternehmensgruppen werden gemäß § 1 Abs. 1 S. 2 EBRG Europäische Betriebsräte vereinbart.

Betriebsräte sind die Vertretungsorgane der Arbeitnehmerschaft und überwachen die Einhaltung der gesetzlichen Vorschriften und sonstigen Normen im Betrieb. Die in den §§ 74 ff BetrVG geregelten Mitwirkungs- und Mitbestimmungsrechte dienen dem Schutz der Arbeitnehmer gegenüber dem i. d. R. verfügungs- und weisungsberechtigten Arbeitgeber. Für leitende Angestellte, die die Voraussetzungen des § 5 Abs. 3 BetrVG erfüllen, sind die Sprecherausschüsse zuständig. Diese vertreten gemäß § 25 Abs. 1 SprAuG die Belange der leitenden Angestellten.

D.   Gewerkschaften, Arbeitgeberverbände

Art. 9 Abs. 3 GG schützt das Recht, zur Wahrung und Förderung der Arbeits- und Wirtschaftsbedingungen Vereinigungen zu bilden. Gewerkschaften nehmen die Interessen der Arbeitnehmer

---

[121] Zu den Abgrenzungen vgl. Tschöpe/*Zerbe*, Teil 4 A Rn. 2 ff.

wahr, Arbeitgeberverbände sind Zusammenschlüsse zur Wahrnehmung der Arbeitgeberinteressen. Gemäß § 2 Abs. 1 BetrVG arbeiten Arbeitgeber und Betriebsrat vertrauensvoll und im Zusammenwirken mit den im Betrieb vertretenen Gewerkschaften und Arbeitgebervereinigungen zum Wohl der Arbeitnehmer und des Betriebs zusammen. Gewerkschaften, einzelne Arbeitgeber und Arbeitgebervereinigungen können im Rahmen von Tarifverträgen Inhalt, Abschluss und Beendigung von Arbeitsverträgen sowie betriebliche und betriebsverfassungsrechtliche Fragen ordnen, §§ 1, 2 TVG.

Während Betriebsräte grundsätzlich auf der Ebene einzelner Betriebe tätig werden, sind Gewerkschaften überbetriebliche, freiwillige Zusammenschlüsse bzw. Organisationen von Arbeitnehmern zur Wahrnehmung der Interessen ihrer Mitglieder. Gewerkschaften schließen mit Arbeitgeberverbänden bzw. einzelnen Betrieben Tarifverträge zur Verbesserung der Arbeitsbedingungen von Arbeitnehmern. Zur Durchsetzung, z. B. von Lohnerhöhungen oder besseren Arbeitszeiten, können Gewerkschaften Streiks organisieren.

Eine große Gewerkschaft ist z. B. der DGB als Dachverband für IG Metall, ver.di und weitere Einzelgewerkschaften.

Die „Gegenspieler" der Gewerkschaften sind Arbeitgeberverbände als freiwillige Zusammenschlüsse von Arbeitgebern zur Vertretung und Durchsetzung ihrer Interessen. Sie organisieren sich meist branchenspezifisch und führen u. a. mit Gewerkschaften Verhandlungen über den Abschluss von Tarifverträgen.

Bekannte Arbeitgeberverbände sind z. B. der Arbeitgeberverband „Gesamtmetall" oder der Arbeitgeberverband „Chemie".

5. Teil: Zustandekommen von Arbeitsverträgen

A. Einführung

Bei Arbeitsverträgen werden, wie bei fast jeder anderen Vertragsart, vor Abschluss des Vertrages verschiedene Phasen durchlaufen. Oftmals geht den eigentlichen Verhandlungen über den Abschluss eines Arbeitsvertrages eine Ausschreibung der freien Stelle in Zeitungen oder Onlineportalen voran. Gemäß § 311 Abs. 1 BGB ist zur Begründung eines Schuldverhältnisses durch Rechtsgeschäft grundsätzlich ein Vertrag zwischen den Beteiligten erforderlich. Ein Schuldverhältnis entsteht gemäß § 311 Abs. 2 BGB aber auch schon durch die Aufnahme von Vertragsverhandlungen. Es handelt sich dabei um ein sog. vorvertragliches Schuldverhältnis, das nach § 241 Abs. 2 BGB jeden Teil zur Rücksicht auf die Rechte, Rechtsgüter und Interessen des anderen Teils verpflichtet.[122]

Bereits in diesem Vorfeld des Abschlusses eines Vertrages ist eine Vielzahl arbeitsrechtlicher Besonderheiten zu beachten. Relevant für Studium und Praxis sind insbesondere die sich aus dem AGG ergebenden Rechte und Pflichten.

---

[122] § 311 Abs. 2, 3 BGB normieren nunmehr die auch früher schon gewohnheitsrechtlich anerkannte Haftung aus c.i.c. (culpa in contrahendo); vgl. Palandt/*Grüneberg*, § 311 R. 11.

B. Anbahnungsverhältnis

Bevor es zum Abschluss eines Arbeitsvertrages kommt, werden i. d. R. verschiedene Stadien durchlaufen.

I. Stellenausschreibung

Will ein Arbeitgeber eine freie Stelle in seinem Unternehmen besetzen, wird er meist durch eine Annonce in Zeitungen oder Onlineportalen geeignete Bewerber suchen. Existiert ein Betriebsrat, kann dieser gemäß § 93 BetrVG verlangen, dass Arbeitsplätze, die besetzt werden sollen, allgemein oder für bestimmte Arten von Tätigkeiten vor ihrer Besetzung innerhalb des Betriebs ausgeschrieben werden. Auch bei einem solchen Verlangen kann der Arbeitgeber die Stelle weiterhin außerbetrieblich ausschreiben.[123]

> **Beachte**
> Bereits vor der Stellenausschreibung ist der Arbeitgeber nach § 164 Abs. 1 SGB IX verpflichtet zu prüfen, ob freie Arbeitsplätze mit schwerbehinderten Menschen besetzt werden können.[124] Dabei hat der Arbeitgeber gemäß § 164 Abs. 1 S. 6 SGB IX die Schwerbehindertenvertretung nach § 178 Abs. 2 SGB IX zu beteiligen. Aus dem Verweis auf § 176 SGB IX ergibt sich, dass auch der Betriebsrat anzuhören ist. Verletzt der Arbeitgeber diese Pflichten, stellt dies nach § 22 AGG ein Indiz für eine Benachteiligung aufgrund Behinderung dar.[125]

---

[123] So ErfK/*Kania*, § 93 BetrVG Rn. 8.
[124] Die Verpflichtung besteht auch dann, wenn der Arbeitgeber seine Beschäftigungsquote gemäß § 154 SGB IX erfüllt; vgl. BAG vom 17.08.2010, 9 AZR 839/08 zu § 81 Abs. 1 Satz 1 SGB IX a. F. und § 71 Abs. 1 SGB IX a. F.
[125] Siehe ErfK/*Rolfs*, § 164 SGB IX Rn. 4 mit Hinweis auf BAG vom 17.08.2010, 9 AZR 839/09; BAG vom 28.09.2017, 8 AZR 492/16.

Eine Stellenausschreibung oder Stellenanzeige stellt noch kein Angebot zum Abschluss eines Vertrages dar. Es handelt sich lediglich um die Aufforderung zur Abgabe eines Angebots durch die Interessenten, eine sog. invitatio ad offerendum.

II. Aufnahme von Vertragsverhandlungen

Nach Prüfung der eingegangenen Bewerbungen wird der Arbeitgeber geeignete Kandidaten und Kandidatinnen zu einem Vorstellungsgespräch einladen.

Beachte
Gemäß § 165 Abs. 1 SGB IX bestehen bei der Bewerbung schwerbehinderter Menschen für öffentliche Arbeitgeber besondere Pflichten. Hat sich ein schwerbehinderter Mensch auf einen frei werdenden und neu zu besetzenden bzw. einen neuen Arbeitsplatz beworben, werden sie zu einem Vorstellungsgespräch eingeladen, § 165 Abs. 1 S. 3. Nach S. 4 der Vorschrift ist eine Einladung nur entbehrlich, wenn die fachliche Einigung offensichtlich fehlt.[126] Diese besonderen Pflichten des § 165 SGB IX bestehen aber nur für öffentliche Arbeitgeber.[127]

Wie oben bereits ausgeführt, besteht in diesem Stadium der Vertragsanbahnung noch kein Vertrag, aber gemäß § 311 Abs. 2, 3 BGB bereits ein gesetzliches Schuldverhältnis mit wechselseitigen Rechten und Pflichten. Es bestehen zwar noch keine Hauptpflichten, d. h. keine Pflicht zur Erbringung von Arbeitsleistungen durch den Arbeitnehmer und keine Vergütungspflicht des Arbeitgebers. Bereits mit der Aufnahme von Vertragsverhandlungen

---

[126] Ist die fachliche Eignung zwar zweifelhaft, aber nicht offensichtlich ausgeschlossen, hat eine Einladung zu erfolgen; so BAG vom 11.08.2016, 8 AZR 375/15.
[127] Vgl. hierzu ausführlich *Richter*, ArbRAktuell 2020, 129 ff.

können jedoch Mitteilungs-, Fürsorge- oder Verschwiegenheitspflichten bestehen, §§ 311 Abs. 2 Nr. 1, 241 Abs. 2 BGB. So kann z. B. jede Partei erwarten, dass der andere Teil Fragen wahrheitsgemäß beantwortet und ihn über alle für den Abschluss eines Vertrages relevanten Tatsachen aufklärt. Eine Verletzung dieser Pflichten kann u. a. Schadensersatzansprüche nach § 280 BGB auslösen oder auch Grund für die Anfechtung eines auf Basis falscher Tatsachen geschlossenen Vertrages sein. Verstößt der Arbeitgeber gegen Vorschriften des AGG, kommen zudem Schadensersatz- und Entschädigungsansprüche gemäß § 15 AGG in Betracht.

Arbeitgeber haben im Rahmen der Besetzung freier Stellen und bei Vorstellungsgesprächen eine Vielzahl weiterer Besonderheiten zu beachten. Hierzu gehören z. B.:[128]

▶ Zulässigkeit des Einsatzes von künstlicher Intelligenz für die Suche geeigneter Bewerber,
▶ Nutzung zulässiger Testverfahren für die Auswahl der am besten geeigneten Bewerber,
▶ datenschutzrechtliche Bedingungen für den Umgang mit Bewerberdaten,
▶ Mitbestimmungs- bzw. Informationsrechte des Betriebsrates z. B. bei der
   ▶ Personalplanung, § 92 Abs. 1 BetrVG,
   ▶ Verwendung von Personalfragebögen, § 94 BetrVG,
   ▶ Einstellung, § 99 BetrVG,
▶ ...

---

[128] Auf diese Besonderheiten kann hier nicht im Einzelnen eingegangen werden. Zur Nutzung von Künstlicher Intelligenz bei Einstellungsverfahren vgl. z. B. *Freyler*, NZA 2020, 284 ff.; zu datenschutz- und mitbestimmungsrechtlichen Problemen siehe *Stück*, ArbRAktuell 2020, 153 ff; jeweils m. w. Nw.

Das vorvertragliche Stadium endet entweder mit endgültigem Abbruch der Verhandlungen oder mit dem Abschluss des Vertrags.

C. Bedeutung des AGG

Ein Arbeitgeber ist grundsätzlich nicht verpflichtet, eine freie Stelle mit einem Arbeitnehmer zu besetzen. Entschließt er sich aber, einen neuen Arbeitnehmer zu suchen und einzustellen, wird insbesondere das AGG relevant. Ziel des AGG ist es, Benachteiligungen durch die in § 1 AGG (abschließend) aufgezählten „verpönten" Merkmale vorbeugend zu verhindern bzw. eingetretene Benachteiligungen zu beseitigen.

Im vorvertraglichen Stadium, d. h. vor Abschluss eines Arbeitsvertrages, sind die Regelungen des AGG insbesondere bei der Stellenausschreibung und beim Vorstellungsgespräch von erheblicher praktischer Bedeutung. Die Problematik des Fragerechts bei Vorstellungsgesprächen wird aus systematischen Gründen im 6. Teil behandelt.

I. Anwendungsbereich
1. Sachlicher Anwendungsbereich

Der sachliche Anwendungsbereich ergibt sich aus § 2 Abs. 1 AGG. Im Rahmen der Besetzung neuer Stellen wird insbesondere § 2 Abs. 1 Nr. 1 AGG relevant. Benachteiligungen aus einem in § 1 AGG genannten Grund sind unzulässig in Bezug auf die Bedingungen für den Zugang zu unselbstständiger und selbstständiger Erwerbstätigkeit. Damit wird das Stadium der Vertragsanbahnung in den sachlichen Anwendungsbereich des AGG einbezogen.

Gemäß § 2 Abs. 4 AGG gelten für Kündigungen ausschließlich die Bestimmungen zum allgemeinen und besonderen Kündigungsschutz. Die bedeutet jedoch nicht, dass das AGG bei der Beurteilung der Wirksamkeit von Kündigungen keine Rolle spielt. Das BAG wendet die Diskriminierungsgründe des § 1 AGG vielmehr auch bei der Auslegung unbestimmter Rechtsbegriffe des KSchG an.

> *"Der Wortlaut von § 2 Abs. 4 AGG bestimmt, dass „für Kündigungen" ausschließlich die Bestimmungen zum allgemeinen und besonderen Kündigungsschutz gelten. Der Wortlaut dieser verabschiedeten Gesetzesfassung geht auf einen Bericht des Rechtsausschusses des Bundestags zurück .... Der Regierungsentwurf hatte noch vorgesehen, dass für Kündigungen „vorrangig" die Bestimmungen des Kündigungsschutzgesetzes zu gelten hätten .... Für die Beurteilung von Kündigungen hat dies in der Rechtslehre den Streit ausgelöst, ob § 2 Abs. 4 AGG auch primärrechtswidrig die „Kündigung" aus dem Anwendungsbereich des AGG ausklammere ..., oder ob mit der Norm nur ein „doppelter Kündigungsschutz" vermieden werden sollte .... Für Kündigungen hat die Rechtsprechung diesen Streit dahin gehend aufgelöst, dass die Diskriminierungsverbote des AGG einschließlich der im Gesetz vorgesehenen Rechtfertigungen für unterschiedliche Behandlungen bei der Auslegung der unbestimmten Rechtsbegriffe des Kündigungsschutzgesetzes in der Weise zu beachten sind, als sie Konkretisierungen des Sozialwidrigkeitsbegriffs darstellen. Verstößt eine ordentliche Kündigung gegen Benachteiligungsverbote des AGG, so kann dies zur Sozialwidrigkeit der Kündigung nach § 1 KSchG führen."*[129]

2. Persönlicher Anwendungsbereich

Der persönliche Anwendungsbereich ergibt sich aus dem Beschäftigtenbegriff des § 6 AGG.

---

[129] BAG vom 12.12.2013, 8 AZR 838/12

Beachte
Nach § 6 Abs. 1 S. 2 AGG gelten auch Bewerberinnen und Bewerber als Beschäftigte i. S. d. AGG. Es gilt ein formaler Bewerberbegriff, d. h. der persönliche Anwendungsbereich ist für jeden eröffnet, der eine Bewerbung einreicht. Nicht relevant ist, ob überhaupt eine Anstellung ernstlich angestrebt wird.[130]

§ 6 Abs. 3 AGG erweitert den Anwendungsbereich des AGG auf *„Selbstständige und Organmitglieder, insbesondere Geschäftsführer oder Geschäftsführerinnen und Vorstände"*, soweit es um Bedingungen für den Zugang zur Erwerbstätigkeit sowie zum beruflichen Aufstieg geht. Fremdgeschäftsführer, die ausnahmsweise Arbeitnehmer sind, unterfallen bereits dem Beschäftigtenbegriff des § 6 Abs. 1 S. 1 Nr. 1 AGG.[131]

II. Das Benachteiligungsverbot gemäß § 7 AGG
1. Einführung
Gemäß § 7 Abs. 1 AGG dürfen Beschäftigte nicht wegen eines in § 1 AGG genannten Grundes benachteiligt werden. In Einzelfällen kann jedoch eine unterschiedliche Behandlung wegen beruflicher Anforderungen (§ 8 AGG), wegen der Religion oder der Weltanschauung (§ 9 AGG) oder wegen des Alters (§ 10 AGG) zulässig sein.

Nach § 11 AGG darf ein Arbeitsplatz nicht unter Verstoß gegen § 7 Abs. 1 AGG ausgeschrieben werden. In Stellenausschreibungen ist daher jeder Anhaltspunkt einer möglichen Benachteiligung

---

[130] Zur Problematik des sog. Scheinbewerbers siehe BAG vom 19.06.2016, 8 AZR 470/14.
[131] Vgl. Bourazeri, NJW 2019, 870 ff.; ErfK/Schlachter, § 6 AGG Rn. 6, 7.

aufgrund der Merkmale in § 1 AGG zu vermeiden.[132] Ein Verstoß gegen das Benachteiligungsverbot liegt auch dann vor, wenn die Person, die die Benachteiligung begeht, das Vorliegen eines in § 1 AGG genannten Grundes bei der Benachteiligung nur annimmt.

Beispiel
AG ist der Auffassung, Bewerber B sei homosexuell. Er stellt ihn aus diesem Grund nicht ein. Tatsächlich ist B heterosexuell. Es liegt gemäß § 7 Abs. 1 HS 1 AGG ein Verstoß gegen das Benachteiligungsverbot vor.

2. Benachteiligung

§ 3 Abs. 2, 3 AGG unterscheidet in unmittelbare und mittelbare Benachteiligung. Unmittelbar ist eine Benachteiligung gemäß § 3 Abs. 1 S. 1 AGG immer dann, wenn eine Person wegen eines in § 1 AGG genannten Grundes eine weniger günstige Behandlung erfährt, als eine andere Person in einer vergleichbaren Situation.

Beispiel
AG stellt eine Bewerberin nicht ein, weil sie schwanger werden und damit ggf. länger ausfallen könnte.

Eine solche unmittelbare Benachteiligung kann auch durch Unterlassen begangen werden.

Beispiel
AG lädt Frauen gar nicht erst zu Vorstellungsgesprächen ein.

Eine mittelbare Benachteiligung liegt gemäß § 3 Abs. 2 AGG vor,

---

[132] Die Vorschriften des AGG gelten nicht nur vor Abschluss eines Arbeitsvertrages, sondern auch im laufenden Arbeitsverhältnis.

wenn dem Anschein nach neutrale Vorschriften, Kriterien oder Verfahren Personen wegen eines in § 1 AGG genannten Grundes gegenüber anderen Personen in vergleichbarer Situation benachteiligen, es sei denn, die betreffenden Vorschriften, Kriterien oder Verfahren sind durch ein rechtmäßiges Ziel sachlich gerechtfertigt und die Mittel sind zur Erreichung dieses Ziels angemessen und erforderlich. Eine solche mittelbare Benachteiligung ist deutlich schwieriger festzustellen als eine unmittelbare.

Beispiel
Verlangt AG in einer Stellenausschreibung die Kenntnisse der deutschen Sprache als Einstellungsvoraussetzung, liegt keine unmittelbare Benachteiligung nach §§ 3 Abs. 1 S. 1, 1 AGG aufgrund ethnischer Herkunft vor. Die deutsche Schriftsprache kann unabhängig von der Zugehörigkeit zu einer Ethnie beherrscht werden. Die Anforderung deutscher Schriftsprachkenntnisse kann aber z. B. spanische Arbeitnehmer im Vergleich zu deutschen Arbeitnehmern nach § 3 Abs. 2 AGG mittelbar benachteiligen. Allerdings wird die Anforderung nach deutschen Sprachkenntnissen gemäß § 3 Abs. 2 AGG i. d. R. durch ein rechtmäßiges Ziel sachlich gerechtfertigt und die Mittel zur Erreichung dieses Ziels angemessen und erforderlich sein.[133]

III. Diskriminierungsmerkmale des § 1 AGG

1. Rasse und Ethnie

Die meisten der in § 1 AGG genannten Merkmale erschließen sich von selbst. Unter „Rasse" versteht man die Zuordnung zu einer Gruppe mit spezifischen Erscheinungsmerkmalen, z. B. Körperbau oder Hautfarbe. Die „ethnische Herkunft" wird u. a. bestimmt durch Sprache, Abstammung, Bräuche und Wahrnehmung als einheitliche Gruppe.

---

[133] Vgl. zu dieser Konstellation BAG vom 28.01.2010, 2 AZR 764/08.

2. Geschlecht

Geschlecht meint die biologische Zuordnung, die sich zunächst auf die Unterscheidung von Männern und Frauen beschränkte. 2017 erweiterte das BVerfG den Begriff auf das sog. dritte Geschlecht. Geschlecht i. S. d. Grundgesetzes könne *„auch ein Geschlecht jenseits von männlich oder weiblich sein"*[136]. Die Entscheidung erging zwar zum Personenstandsgesetz, hat aber auch erhebliche Auswirkungen auf das Arbeitsrecht. Bis zur Entscheidung des BVerfG mussten Stellen grundsätzlich entweder geschlechtsneutral oder mit männlicher und weiblicher Bezeichnung (m/w) ausgeschrieben werden, um einen Verstoß gegen § 1 AGG zu verhindern.

Stellenausschreibungen werden nunmehr i. d. R. mit einem m/w/d versehen.[137]

---

[134] Richtlinie 2000/43/EG des Rates vom 29. Juni 2000 zur Anwendung des Gleichbehandlungsgrundsatzes ohne Unterschied der Rasse oder der ethnischen Herkunft.

[135] Vgl. etwas Payandeh, JuS 2015, 695 m. w. Nw.

[136] BVerfG vom 10.10.2017, 1 BvR 2019/16.

[137] Das „d" steht für „divers"; vgl. weitergehend *Körlings*, NZA 2018, 282 ff.

3. Religion und Weltanschauung

„Religion" meint die Zugehörigkeit zu einer Glaubensgemeinschaft (religiöses Bekenntnis), unter „Weltanschauung" versteht man individuelle Vorstellungen zur Herkunft und zu den Zielen menschlichen Lebens.[138]

> **Beispiel**
> AG verbietet in seinem Kaufhaus das Tragen eines Kopftuches. AN weigert sich aus religiösen Gründen, das Kopftuch abzulegen. AG kündigt daraufhin das Arbeitsverhältnis.

Die Kündigung ist unwirksam. Zwar könne eine Arbeitnehmerin, so das BAG, auf Grund von fundamentalen, unüberwindbaren Glaubenshindernissen ihre Fähigkeit und Eignung verlieren, die unmittelbar vertraglich geschuldete Arbeitsleistung zu erbringen. Anders als z. B. eine Lehrerin sei die Arbeitnehmerin jedoch in der Lage, ihre vertraglich geschuldete Arbeitsleistung als Verkäuferin auch dann noch zu erfüllen, wenn sie bei ihrer Tätigkeit ein – islamisches – Kopftuch trage. Auch ein verhaltensbedingter Grund liege nicht vor, denn sowohl bei der Ausübung des Weisungsrechts als auch bei der Ausgestaltung dieser vertraglichen Pflicht habe die Arbeitgeberin die durch Art. 4 Abs. 1 und 2 GG grundrechtlich geschützte Religionsfreiheit der Arbeitnehmerin zu beachten.[139]

4. Behinderung

„Behindert" sind Menschen gemäß § 2 Abs. 1 S. 1 SGB IX, die körperliche, seelische, geistige oder Sinnesbeeinträchtigungen

---

[138] Siehe ErfK/*Schlachter*, § 1 AGG Rn. 7 m. w. Nw.
[139] So BAG vom 10.10.2002, 2 AZR 472/01.

haben, die sie an der gleichberechtigten Teilhabe an der Gesellschaft mit hoher Wahrscheinlichkeit länger als sechs Monate hindern können. Die Schwere der Behinderung wird durch den sog. Grad der Behinderung (GdB) bestimmt.

Beachte
Die im 3. Teil des SGB IX enthaltenen wichtigen Schutzvorschriften für schwerbehinderte Menschen gelten gemäß § 2 Abs. 2 SGB IX grds. ab einem GdB 50. Ein GdB 30 ist unter den in § 2 Abs. 3 SGB IX genannten Voraussetzungen ausreichend (Gleichstellung). Für die Anwendbarkeit des AGG ist der GdB aber nicht relevant. So kann z. B. auch ein Arbeitnehmer, der an einer symptomlosen HIV-Infektion erkrankt ist, behindert i. S. d. § 1 AGG sein.[140]

5. Alter

Niemand darf durch sein „Alter", egal ob jung oder alt, benachteiligt werden.

Beispiel
Wird in einer Stellenanzeige die Suche auf ein Alter von „ca. 30 bis 45 Jahre" beschränkt, liegt offensichtlich eine Altersdiskriminierung vor.[141] Auch die Stellenausschreibung für „Hochschulabsolventen/Young Professionals" kann ein Indiz für eine altersbedingte Benachteiligung sein.[142]

6. Sexuelle Identität

In den Grenzen des Strafrechts kann jeder seine Sexualität ausleben. Die „sexuelle Identität" schützt dieses Recht. *„Die sexuelle*

---

[140] Vgl. BAG vom 19.12.2013, 6 AZR 190/12; ErfK/*Schlachter*, § 1 AGG Rn. 11.
[141] Zu diesem Sachverhalt vgl. LAG Baden-Württemberg vom 20.03.2009, 9 Sa 5/09.
[142] So BAG vom 24.01.2013, 9 Sa 1771/10.

Identität meint diejenige sexuelle Ausrichtung, die als identitäts-prägend wahrgenommen wird, nicht aber die biologische Be-schaffenheit, die dem Merkmal „Geschlecht" zuzuordnen ist."[143]

Beispiel
Ein Beamter auf Lebenszeit geht eine Lebenspartnerschaft im Sinne des Gesetzes über die Eingetragene Lebenspartnerschaft (LPartG) ein. Die Witwe eines Beamten erhält Hinterbliebenenver-sorgung, insbesondere Sterbegeld (§ 18 BeamtVG) sowie Wit-wengeld, Witwenabfindung oder Unterhaltsbeiträge (§§ 19, 21, 22 und 26 BeamtVG). Dies gilt entsprechend für Witwer. Partner ei-ner Lebensgemeinschaft erhalten diese Leistungen nach dem Wortlaut der Vorschriften nicht. Jedoch ergibt sich der Anspruch aus §§ 18 ff. und 28 BeamtVG in Verbindung mit der Gleichbe-handlungsrahmenrichtlinie 2000/78/EG.[144]

IV. Indizwirkung des § 22 AGG

Fühlt sich eine Partei aufgrund der in § 1 AGG genannten Merk-male benachteiligt, begegnet sie bei dem Versuch der Durchset-zung von Rechten aus dem AGG regelmäßig dem Problem des Nachweises eines Verstoßes gegen das Benachteiligungsverbot. § 22 AGG enthält daher eine Beweiserleichterung. Beweist eine Partei Indizien, die eine Benachteiligung wegen eines in § 1 AGG genannten Grundes vermuten lassen, trägt die andere Partei die Beweislast dafür, dass kein Verstoß gegen die Bestimmungen zum Schutz vor Benachteiligung vorgelegen hat.

Beispiel
In einer Stellenanzeige wird für den Service in einem Biergarten eine „junge Kellnerin" gesucht. Das Indiz der Benachteiligung

---

[143] ErfK/*Schlachter*, § 1 AGG Rn. 14.
[144] Siehe BVerwG vom 28.20.2020, 2 C 47/09.

ergibt sich hier bereits aus der Stellenanzeige, die Verstöße gegen das Verbot der Altersdiskriminierung und des Geschlechts enthält. Macht ein nicht eingestellter älterer Bewerber Schadensersatz bzw. Entschädigungsansprüche nach § 15 Abs. 1, 2 AGG geltend, reicht es für den Nachweis der Diskriminierung, d. h. für den Zusammenhang zwischen dem Vorliegen des Diskriminierungsmerkmals und der Benachteiligung, aus, wenn er im Prozess die Stellenanzeige vorlegt. Der Arbeitgeber muss nunmehr nachweisen, dass kein Merkmal des § 1 AGG vorliegt bzw. die Ungleichbehandlung ausnahmsweise zulässig ist.

V. Rechtfertigungsgründe für Benachteiligungen

Unterschiedliche Behandlungen wegen eines in § 1 AGG genannten Grundes können ausnahmsweise zulässig sein. Oben wurde bereits darauf hingewiesen, dass eine mittelbare Benachteiligung gemäß § 3 Abs. 2 AGG schon tatbestandlich nicht vorliegt, wenn die Ungleichbehandlung durch ein rechtmäßiges Ziel sachlich gerechtfertigt ist und die Mittel zur Erreichung dieses Ziels angemessen und erforderlich sind. Die §§ 8 ff AGG enthalten Regelungen, die das Vorliegen einer Ungleichbehandlung rechtfertigen können.

1. § 8 AGG

§ 8 Abs. 1 erklärt eine unterschiedliche Behandlung wegen eines in § 1 AGG genannten Grundes für zulässig, wenn dieser Grund wegen der Art der auszuübenden Tätigkeit oder der Bedingungen ihrer Ausübung eine wesentliche und entscheidende berufliche Anforderung darstellt, sofern der Zweck rechtmäßig und die Anforderung angemessen sind.

Beispiele

Für die Neuinszenierung des Lohengrin bei den Wagner-Festspielen in Bayreuth wird für die weibliche Hauptrolle der Elsa eine Sängerin gesucht. Es liegt zwar eine Geschlechterbenachteiligung vor, § 8 Abs. 1 AGG rechtfertigt diese aber.

Eine Privatschule sucht eine Sportlehrerin für den Sportunterricht von Mädchen. Ein Sportlehrer bewirbt sich, wird aber mit dem Hinweis abgelehnt, das Schamgefühl von Schülerinnen könnte beeinträchtigt werden, wenn es bei Hilfestellungen im Sportunterricht zu Berührungen durch männliche Sportlehrkräfte komme bzw. diese die Umkleideräume betreten müssten, um dort für Ordnung zu sorgen. Das BAG[145] lehnte eine Rechtfertigung ab. Die Schule trage die Darlegungs- und Beweislast für das Vorliegen der in § 8 Abs. 1 AGG enthaltenen Voraussetzungen. Sie habe nicht dargetan, dass für die streitgegenständliche Stelle ein geschlechtsbezogenes Merkmal aufgrund der Art der Sportlehrtätigkeit an der Schule oder der Bedingungen ihrer Ausübung eine wesentliche und entscheidende sowie angemessene und erforderliche berufliche Anforderung i. S. d. § 8 Abs. 1 AGG darstelle.

„Grundsätzlich kann eine unmittelbare Ungleichbehandlung wegen des Geschlechts und dadurch bewirkte Diskriminierung nicht sachlich gerechtfertigt werden. Geht es allerdings um den Zugang zur Beschäftigung, kann nach § 8 Abs. 1 AGG eine unterschiedliche Behandlung wegen eines in § 1 AGG genannten Grundes - auch des Geschlechts - zulässig sein. Dies setzt nach dem Wortlaut von § 8 Abs. 1 AGG voraus, dass dieser Grund wegen der Art der auszuübenden Tätigkeit oder der Bedingungen ihrer Ausübung eine wesentliche und entscheidende berufliche Anforderung darstellt, sofern der Zweck rechtmäßig und die Anforderung angemessen ist. Dabei kann in unionsrechtskonformer und enger Auslegung in Übereinstimmung mit den Antidiskriminierungsrichtlinien der Europäischen Union ... und unter Berücksichtigung der Rechtsprechung des Gerichtshofs der Europäischen Union nicht der Grund iSv. § 1 AGG, auf den die Ungleichbehandlung gestützt

---

[145] Siehe BAG vom 19.12.2019, 8 AZR 2/19.

ist, sondern nur ein mit diesem Grund im Zusammenhang stehendes Merkmal eine wesentliche und entscheidende berufliche Anforderung darstellen.

Der Begriff "wesentliche und entscheidende berufliche Anforderung" iSd. Antidiskriminierungsrichtlinien der Europäischen Union und iSv. § 8 Abs. 1 AGG bezieht sich auf eine Anforderung, die von der Art der betreffenden beruflichen Tätigkeit oder den Bedingungen ihrer Ausübung objektiv vorgegeben ist. Subjektive Erwägungen reichen nicht aus. Es muss vielmehr ein direkter, objektiv durch entsprechende Analysen belegter und überprüfbarer Zusammenhang zwischen der vom Arbeitgeber aufgestellten beruflichen Anforderung und der fraglichen Tätigkeit bestehen." [146]

2. § 9 AGG

§ 9 Abs. 1 AGG enthält eine Bereichsausnahme für die Beschäftigung durch Religionsgemeinschaften.

Beispiel
Ein Mitarbeiter einer von einem katholischen Caritasverband getragenen Kinderbetreuungsstätte tritt aus der katholischen Kirche aus. Die Arbeitgeberin kündigte das Arbeitsverhältnis. Das BAG hielt die Kündigung für gerechtfertigt. In Fällen, in denen die Kündigung eine Benachteiligung nach §§ 1 ff AGG mit sich bringe, seien für die Frage der sozialen Rechtfertigung nach § 1 KSchG die Vorschriften des AGG heranzuziehen. Die Kündigung stelle zwar eine unmittelbare Benachteiligung wegen der Religion dar. Der Mitarbeiter genüge nach dem Austritt aber sowohl im Hinblick auf das Selbstbestimmungsrecht der Arbeitgeberin als auch nach Art seiner Tätigkeit einer gerechtfertigten beruflichen Anforderung i. S. d. § 9 Abs. 1 AGG nicht mehr. Er sei durch seinen Kirchenaustritt für eine Tätigkeit als Sozialpädagoge im Rahmen des karitativen Auftrags der Arbeitgeberin nicht mehr geeignet. Sein Kirchenaustritt stelle außerdem ein illoyales Verhalten nach § 9 Abs. 2 AGG dar. [147]

---

[146] BAG vom 19.12.2019, 8 AZR 2/19.
[147] Siehe BAG vom 25.4.2013, 2 AZR 579/12.

3. § 10 AGG

Eine unterschiedliche Behandlung wegen des Alters ist zulässig, wenn sie objektiv und angemessen und durch ein legitimes Ziel gerechtfertigt ist.

Beispiel
Nach einem Tarifvertrag beträgt die Dauer des Erholungsurlaubs 28 Arbeitstage, nach Vollendung des 50. Lebensjahres 30 Arbeitstage. Eine 40 Jahre alte Mitarbeiterin macht geltend, die Staffelung der Urlaubstage sei altersdiskriminierend. Das BAG gab ihr Recht. Ein Erfahrungssatz, infolge einer Abnahme der physischen Belastbarkeit sei bei Beschäftigten, die das 50. Lebensjahr vollendet haben, generell von einem erhöhten Urlaubsbedürfnis und einer längeren Regenerationszeit auszugehen, existiere in dieser Allgemeinheit nicht. Die Abnahme körperlicher Fähigkeiten, die auch altersbedingt sein könne, bedeute nicht, dass diese unabhängig vom Berufsbild zu einem in bestimmtem Umfang erhöhten Erholungsbedürfnis führe.[148]

§ 10 S. 3 Nr. 1 bis 6 AGG nennt beispielhaft Regelungsziele, die eine unterschiedliche Behandlung rechtfertigen können.[149]

4. § 5 AGG

Ungeachtet der in §§ 8 bis 10 AGG genannten Gründe ist gemäß § 5 AGG eine unterschiedliche Behandlung auch zulässig, wenn durch geeignete Maßnahmen bestehende Nachteile wegen eines in § 1 AGG genannten Grundes verhindert oder ausgeglichen werden sollen.

---

[148] Vgl. weitergehend BAG vom 15.11.2016, 9 AZR 534/15.
[149] Zum Rechtfertigungsgrund des § 10 AGG vgl. ausführlich Schaub/*Linck*, § 36 Rn. 56 ff.

Beispiele
Zulässige Maßnahmen nach § 5 AGG können z. B. sein:
▶   Ermöglichung bzw. Verbesserung des Zugangs zu einer Beschäftigung für schwerbehinderter Menschen,
▶   Förderung von Frauen,
▶   Heterogenität der Belegschaft (Diversity Management).

§ 5 AGG ist erst dann zu prüfen, wenn eine Benachteiligung vorliegt und diese nicht schon über die §§ 8 ff AGG gerechtfertigt ist.[150]

VI. Schadensersatz- und Entschädigungsansprüche, § 15 AGG

1. Einführung

Zur Durchsetzung der in § 1 AGG genannten Ziele begründet das Gesetz einerseits Organisationspflichten des Arbeitgebers. Neben der in § 11 AGG beschriebenen Pflicht, Arbeitsplätze diskriminierungsfrei auszuschreiben, enthält § 12 AGG diese (auch vorbeugend zu treffenden) Maßnahmen. Andererseits konkretisieren die §§ 13 ff AGG die Rechte der Beschäftigten bei Verstößen gegen das Benachteiligungsverbot. Praxis- und klausurrelevant ist hier insbesondere § 15 AGG.

---

[150] So ErfK/*Schlachter*, § 5 AGG Rn. 3.

§ 15 Abs. 1 AGG
▶ Schadensersatzanspruch
    ▶ Ersatz eines materiellen Schadens
    ▶ verschuldensabhängig, aber Vermutungswirkung,
      § 15 Abs. 1 S. 2 AGG

§ 15 Abs. 2 AGG
▶ Entschädigungsanspruch
    ▶ Ersatz eines immateriellen Schadens
    ▶ verschuldensunabhängig

§ 15 Abs. 3 AGG
▶ Haftungsprivileg bei Anwendung kollektivrechtlicher Vereinbarungen

§ 15 Abs. 4 AGG i. V. m. § 61b Abs. 1 ArbGG
▶ Geltendmachungsfristen

§ 15 Abs. 5 AGG
▶ Anwendbarkeit sonstiger Ansprüche, §§ 280 I, 823 ff BGB

§ 15 Abs. 6 AGG
▶ i. d. R. kein Einstellungsanspruch

2. § 15 Abs. 1 AGG

Bei einem Verstoß gegen das Benachteiligungsverbot (§ 7 Abs. 1, § 1 AGG) ist der Arbeitgeber verpflichtet, den hierdurch entstandenen (materiellen) Schaden zu ersetzen. „Materiell" bedeutet, dass der Schaden in Geld messbar sein muss (§ 249 BGB).

§ 15 Abs. 1 AGG begründet einen verschuldensabhängigen Anspruch,[151] jedoch gilt gemäß § 15 Abs. 1 S. 2 AGG eine Vermutungswirkung.

---

[151] Zur möglichen Europarechtswidrigkeit vgl. Bauer/Evers, NZA 2006, S. 893.

Für den Verschuldensbegriff gelten die allgemeinen Vorschriften der §§ 276, 278 BGB. Der Arbeitgeber haftet somit für Fahrlässigkeit und Vorsatz. Das Handeln von Erfüllungsgehilfen wird ihm über § 278 BGB zugerechnet, das von vertretungsberechtigten Organen, z. B. einem GmbH-Geschäftsführer, über § 31 BGB.

Umstritten ist, ob der Anspruch nach § 15 Abs. 1 AGG das positive oder nur das negative Interesse umfasst. Das positive Interesse umfasst den Erfüllungsschaden. In diesem Fall ist der Geschädigte so zu stellen, als hätte es das schädigende Ereignis, die Benachteiligung, nicht gegeben. Das negative Interesse beschreibt (lediglich) den Vertrauensschaden, also den Schaden, den man im Vertrauen auf die Wirksamkeit einer Willenserklärung erleidet. Nach h. M. ist das positive Interesse zu ersetzen. Da sich die Schadenshöhe nach den §§ 249 ff BGB richtet, umfasst diese nach § 252 BGB den entgangenen Gewinn.[152]

---

[152] Vgl. BAG vom 20.06.2013, 8 AZR 482/12; LAG Berlin-Brandenburg vom 26.22.2008, 15 Sa 517/08.

liegen, gemäß § 252 BGB Anspruch auf den entgangenen Gewinn (das Entgelt). Allerdings ist problematisch, ob dieser Anspruch zeitlich unbeschränkt ist, also im Zweifel bis zur Erreichung der Altersgrenze. § 15 Abs. 1 AGG enthält anders als § 15 Abs. 2 AGG grundsätzlich keine Obergrenze. Dies würde grundsätzlich gegen eine zeitliche Begrenzung sprechen. Teilweise wird eine zeitliche Begrenzung bis zum Ablauf der für das Arbeitsverhältnis geltenden Kündigungsfrist für notwendig gehalten.[153]

Beachte
Für einen materiellen Schadensersatzanspruch nach § 15 Abs. 1 AGG in Form des entgangenen Gewinns ist Voraussetzung, dass dieser Schaden kausal auf eine Benachteiligung wegen eines in § 1 AGG genannten Grundes basiert.

"(Es) reicht nicht aus, dass ein Bewerber im Laufe des Bewerbungsverfahrens diskriminiert worden ist, um einen materiellrechtlichen Schaden gemäß § 15 Abs. 1 AGG wegen entgangenen Entgelts geltend machen zu können. Vielmehr kann diesen Schaden nur derjenige geltend machen, der ohne die benachteiligende Handlung auch tatsächlich genommen worden wäre, idR also der am besten geeignete Bewerber. Mit anderen Worten müssen auch hier alle Voraussetzungen für eine Übernahme des Betroffenen in ein Arbeitsverhältnis vorgelegen haben und der Vertragsschluss darf einzig nur an der Differenzierung wegen eines in § 1 AGG genannten Merkmals gescheitert sein."[154]

3. § 15 Abs. 2 AGG

Nach § 15 Abs. 2 S. 1 AGG sind auch immaterielle Schäden zu ersetzen.

Beachte
Nach §§ 249 Abs. 1, 253 BGB kann Entschädigung in Geld für einen Schaden, der nicht Vermögensschaden ist, nur in den durch

---

[153] Siehe Tschöpe/*Straube*, Teil 1 F Rn. 133 f. Für eine zeitlich unbeschränkte Erstattungspflicht LAG Berlin-Brandenburg vom 26.22.2008, 15 Sa 517/08.
[154] BAG vom 20.6.2013, 8 AZR 482/12.

das Gesetz bestimmten Fällen gefordert werden.[155] § 15 Abs. 2 S. 1 AGG begründet einen solchen Anspruch.

Wie oben bereits dargestellt, ist der Entschädigungsanspruch des § 15 Abs. 2 AGG verschuldensunabhängig.

AGG-Klausuren kommen häufig im Zusammenhang mit diskriminierenden Nichteinstellungen bei Stellenangeboten vor. In der Praxis sind die Ansprüche aus § 15 Abs. 2 AGG relevanter, da es sich um verschuldensunabhängige Ansprüche handelt.

Es besteht nach § 15 Abs. 2 S. 1 AGG Anspruch auf eine „angemessene" Entschädigung. Gemäß § 15 Abs. 2 S. 2 AGG ist der Anspruch aber meist auf drei Monatsgehälter beschränkt. Ob diese Grenze ausgeschöpft wird, hängt u. a. von der Schwere des Verstoßes und der Beeinträchtigung ab.[156]

AGG-Hopping
In der Praxis kommt es immer wieder vor, dass sich jemand nur zum Schein bewirbt. Die Bewerbung erfolgt also gar nicht mit dem Ziel einer Einstellung, sondern nur, um nach der Ablehnung eine Entschädigung geltend zu machen. Nach Vorlage des BAG[157] entschied 2016 der EuGH, dass derjenige, der sich auf eine Stelle bewerbe, die er tatsächlich gar nicht antreten möchte, auch nicht den Schutz des Unionsrechts für sich beanspruchen könne.[158] Im Ergebnis der erneuten Verhandlung beim BAG führte dieses aus:

„Sowohl ein Entschädigungsverlangen eines/einer erfolglosen Bewerbers/Bewerberin nach § 15 Abs. 2 AGG als auch sein/ihr Verlangen nach Ersatz des materiellen Schadens nach § 15 Abs. 1 AGG können dem durchgreifenden Rechtsmissbrauchseinwand

---

[155] Vereinfacht spricht man von einem Schmerzensgeldanspruch.
[156] Vgl. weitergehend ErfK/*Schlachter*, § 15 AGG Rn. 10.; BAG vom 17.08.2010, 9 AZR 839/10.
[157] BAG vom 18.6.2015, 8 AZR 848/13 (A).
[158] EuGH vom 28.07.2016, C-423/15.

*(§ 242 BGB) ausgesetzt sein. Rechtsmissbrauch wäre anzuneh-
men, sofern ein/e Kläger/in sich nicht beworben haben sollte, um
die ausgeschriebene Stelle zu erhalten, sondern es ihm/ihr darum
gegangen sein sollte, nur den formalen Status als Bewerber/in
iSv. § 6 Abs. 1 Satz 2 AGG zu erlangen mit dem ausschließlichen
Ziel, Ansprüche auf Entschädigung und/oder Schadensersatz geltend zu machen. ... Nach § 242 BGB sind durch unredliches Verhalten begründete oder erworbene Rechte oder Rechtsstellungen
grundsätzlich nicht schutzwürdig. Der Ausnutzung einer rechtsmissbräuchlich erworbenen Rechtsposition kann demnach der
Einwand der unzulässigen Rechtsausübung entgegenstehen ... .
Allerdings führt nicht jedes rechts- oder pflichtwidrige Verhalten
stets oder auch nur regelmäßig zur Unzulässigkeit der Ausübung
der hierdurch erlangten Rechtsstellung. Hat der Anspruchsteller
sich die günstige Rechtsposition aber gerade durch ein treuwidri-
ges Verhalten verschafft, liegt eine unzulässige Rechtsausübung
iSv. § 242 BGB vor."[159]*

Will also eine Person mit ihrer Bewerbung die betreffende Stelle
gar nicht erhalten, sondern nur die formale Position eines Bewerbers i. S. d. § 6 Abs. 1 S. 2 AGG erlangen mit dem alleinigen Ziel,
eine Entschädigung oder Schadensersatz nach § 15 Abs. 1 und
Abs. 2 AGG geltend zu machen, ist dies auch nach Unionsrecht
rechtsmissbräuchlich.

4.   § 15 Abs. 3 AGG

Verstößt ein Arbeitgeber bei der Anwendung von kollektivrechtlichen Vereinbarungen[160] gegen das Benachteiligungsverbot, ist er
gemäß § 15 Abs. 3 AGG nur bei vorsätzlichem oder grob fahrläs-
sigem Handeln zur Zahlung einer Entschädigung verpflichtet. Mit
Entschädigung ist der immaterielle Schaden nach § 15 Abs. 2
AGG gemeint.

---

[159] BAG vom 26.1.2017, 8 AZR 848/13.
[160] Z. B. Tarifverträge oder Betriebsvereinbarungen.

5. § 15 Abs. 4 AGG

Ein Anspruch nach Abs. 1 und 2 AGG muss innerhalb von zwei Monaten nach Ablehnung der Ansprüche schriftlich geltend machen, es sei denn, in einem Tarifvertrag ist etwas anderes bestimmt. Die Frist beginnt nach den Maßgaben in § 15 Abs. 4 S. 2 AGG.

Beachte
Eine zweite Frist ergibt sich aus dem ArbGG. Verweigert der Arbeitgeber eine Zahlung, muss gemäß § 61b Abs. 1 ArbGG innerhalb von drei Monaten, nachdem der Anspruch schriftlich geltend gemacht worden ist, Klage erhoben werden.[161] Der Arbeitnehmer kann jedoch auch direkt Klage erheben, d. h. ohne zunächst den Anspruch gegenüber dem Arbeitgeber geltend zu machen. In diesem Fall muss die zweimonatige Ausschlussfrist gewahrt werden.

6. § 15 Abs. 5 BGB

Gemäß § 15 Abs. 5 BGB bleiben Ansprüche gegen den Arbeitgeber, die sich aus anderen Rechtsvorschriften ergeben, unberührt. In Betracht kommen hier insbesondere Ansprüche auf Unterlassung nach § 1004 BGB und Schadensersatzansprüche nach §§ 823, 252 BGB.[162]

7. § 15 Abs. 6 AGG

Ein Verstoß gegen das Benachteiligungsverbot begründet gemäß § 15 Abs. 6 AGG keinen Anspruch auf Begründung eines Beschäftigungsverhältnisses, sofern sich ein solcher nicht aus einem anderen Rechtsgrund ergibt.

---

[161] Diese Geltendmachungsfristen sind nach BAG vom 18.05.2017, 8 AZR 74/16 europarechtskonform.
[162] Vgl. hierzu ErfK/*Schlachter*, § 15 AGG Rn. 20 m. w. Nw.

VII. Vernetzung/Praxisbezug

Bereits bei einer Stellenausschreibung sind zahlreiche „Stolperfallen" zu beachten. Eine diskriminierende Ausschreibung, bei der gegen das AGG verstoßen wird, kann Entschädigungs- und Schadensersatzansprüche eines benachteiligten Bewerbers nach sich ziehen. Prüfen Sie daher den Ausschreibungstext vor der Veröffentlichung sehr sorgfältig auf solche möglichen Verstöße. Dies gilt insbesondere für Stellenausschreibungen, die sich nur an einen bestimmten Adressatenkreis richten sollen. Liegt in der Beschränkung eine Benachteiligung bestimmter Personengruppen, prüfen Sie, ob die Benachteiligung möglicherweise über die §§ 8 ff AGG gerechtfertigt sein kann. Denken Sie daran, dass eine diskriminierende Stellenausschreibung über § 22 AGG i. d. R. ein Indiz für eine Benachteiligung darstellt. In der Praxis werden Sie meist nicht beweisen können, dass kein Verstoß gegen das AGG vorliegt. Öffentliche Arbeitgeber haben zusätzlich u. a. die Sonderreglungen für schwerbehinderte Menschen und bei der abschließenden Auswahl das Prinzip der Bestenauslese (Art. 33 Abs. 2 GG) zu beachten.

Zunehmend werden vor und bei der Besetzung einer neuen Stelle Testverfahren und verschiedene Formen künstlicher Intelligenz eingesetzt. Achten Sie auf die besonderen datenschutz- und mitbestimmungsrechtlichen Voraussetzungen für eine zulässige Nutzung solcher Systeme.

VIII. Zusammenfassung

Schon im Vorfeld der Besetzung einer neuen Stelle besteht gemäß § 311 Abs. 2, 3 BGB zwischen Arbeitgeber und Bewerber ein gesetzliches Schuldverhältnis mit wechselseitigen Rechten und Pflichten.

Im Stellenausschreibungs- und besetzungsverfahren ist das AGG von besonderer Bedeutung. Beschäftige, und damit sind auch Bewerber und Bewerberinnen gemeint, dürfen nicht wegen eines in § 1 AGG genannten Grundes benachteiligt werden. Liegt eine Benachteiligung vor und ist sie nicht über §§ 8 ff AGG gerechtfertigt, können sich hieraus Entschädigungs- und Schadensersatzansprüche gemäß §§ 15 Abs. 2, 3 AGG ergeben. Diese sind innerhalb der Fristen des § 15 Abs. 4 AGG und § 61b Abs. 1 ArbGG geltend zu machen. Ein Einstellungsanspruch besteht gemäß § 15 Abs. 6 AGG i. d. R. nicht.

Beweist eine Partei Indizien, die eine Benachteiligung wegen eines in § 1 AGG genannten Grundes vermuten lassen, trägt die andere Partei, also der Arbeitgeber, gemäß § 22 AGG die Beweislast dafür, dass kein Verstoß gegen die Bestimmungen zum Schutz vor Benachteiligung vorgelegen hat. Diese Indizwirkung lässt sich in der Praxis kaum widerlegen.

D. Abschluss des Arbeitsvertrages

I. Vorvertrag

Das vorvertragliche Stadium endet entweder mit endgültigem Abbruch der Verhandlungen oder mit dem Abschluss des Vertrages.

Eine wechselseitige Verpflichtung zum Abschluss eines Arbeitsvertrages besteht i. d. R. nicht.

Beachte
Ausnahmsweise kann sich eine solche Verpflichtung aber aus einem im Rahmen der Einstellungsgespräche geschlossenen Vorvertrag ergeben. Wollen die Parteien grds. einen Arbeitsvertrag schließen, bestehen aber noch rechtliche und/oder tatsächliche Hindernisse (z. B. die Zustimmung des Betriebsrats zur Einstellung), können sie sich durch den Abschluss eines Vorvertrages bereits frühzeitig binden.

„Vorverträge sind schuldrechtliche Vereinbarungen, durch die die Verpflichtung begründet wird, demnächst einen anderen schuldrechtlichen Vertrag, den Hauptvertrag, zu schließen. Die Verpflichtung kann im Vorvertrag von beiden Teilen oder nur von einem Teil eingegangen werden und entsprechend dem Zweck des Vorvertrags von bestimmten Voraussetzungen abhängen.“[163]

Ob ein derartiger Vorvertrag oder eine bloße Absichtserklärung vorliegt, hängt vom Einzelfall ab.[164] Bei einem Vorvertrag müssen sich die Parteien

„... mit beiderseitigem Bindungswillen über alle wesentlichen Punkte geeinigt haben und der Inhalt des abzuschließenden Hauptvertrages zumindest bestimmbar (sein). ... Ein solcher Vorvertrag verpflichtet die Parteien, ein Angebot auf Abschluss des Hauptvertrages abzugeben bzw. das Angebot des anderen Teiles anzunehmen.“[165]

---

[163] BAG vom 19.12.2018, 10 AZR 130/18.
[164] Zur Abgrenzung des Vorvertrages zu sonstigen Vorstufen eines Vertrages (z. B. Letter of Intent) vgl. Palandt/*Ellenberger*, vor § 145 BGB Rn. 18 ff.
[165] LAG Hamm vom 29.07.2003, 5 Sa 828/03.

II. Formfreiheit

1. § 105 GewO

Gemäß § 105 GewO können Arbeitgeber und Arbeitnehmer Abschluss, Inhalt und Form des Arbeitsvertrages frei vereinbaren, soweit nicht anderweitige Regelungen entgegenstehen. I. d. R. sind also zwei übereinstimmende Willenserklärungen erforderlich, die keiner besonderen Form bedürfen. Zwar können Tarifverträge Formerfordernisses für den Abschluss von Arbeitsverträgen enthalten. Diese wirken jedoch grundsätzlich nicht konstitutiv, sondern lediglich deklaratorisch. Die „Schwelle" für die Begründung eines Arbeitsverhältnisses soll möglichst niedrig sein. Die mit Formerfordernissen verbundenen gesetzgeberischen Zwecke greifen hier also regelmäßig nicht ein.

Beispiel
Sie einigen sich mündlich über den Abschluss eines Arbeitsvertrages. Die Einigung enthält die Parteien, die Tätigkeit und den zeitlichen Umfang der vom Arbeitnehmer zu erbringenden Arbeitsleistungen (Anzahl der Stunden). Ein Arbeitsvertrag kommt wirksam zustande, da Sie sich mit dem Arbeitgeber über die sog. essentialia negotii geeinigt haben.

2. § 2 NachwG

Aus § 2 NachwG ergibt sich ebenfalls kein Schriftformerfordernis. Zweck des NachwG ist der Schutz des Arbeitnehmers und die Schaffung von Rechtssicherheit hinsichtlich des Inhalts des Arbeitsverhältnisses. Gemäß § 2 Abs. 1 S. 1 NachwG hat der Arbeitgeber spätestens einen Monat nach Arbeitsbeginn die wesentlichen Vertragsbedingungen schriftlich niederzulegen, sofern es bei dem Arbeitnehmer nicht um eine vorübergehende Aushilfe i. S. d. § 1 NachwG handelt. § 2 Abs. 1 NachwG stellt keine gesetzliche Formvorschrift dar, sondern hat nur deklaratorische Bedeutung.[166]

Erfüllt der Arbeitgeber die Pflicht aus § 2 Abs. 1 NachwG nicht, kann der Arbeitnehmer auf Erfüllung klagen. Allerdings enthält § 2 NachwG für den Fall der Nichterfüllung der Pflicht keine Sanktionen. Der Arbeitnehmer kann aber bei Verzug des Arbeitgebers mit der Nachweispflicht nach allgemeinen Grundsätzen ein Zurückbehaltungsrecht nach § 273 BGB ausüben und Schadensersatzansprüche nach § 280 Abs. 1 BGB geltend machen.[167]

Die in § 2 Abs. 1 NachwG geforderte Schriftform ist nur bei eigenhändiger Unterzeichnung durch den Arbeitgeber oder dessen Vertreter gewahrt. Bei Praktikanten und bei Auslandseinsätzen gelten die besonderen Regelungen in § 2 Abs. 1a, 2 NachwG.

> Das Nachweisgesetz spielt in der Praxis nur eine untergeordnete Rolle, da die Parteien meist einen schriftlichen Arbeitsvertrag schließen. Erhält der Arbeitnehmer einen Arbeitsvertrag in Schriftform, entfällt gemäß § 2 Abs. 4 NachwG eine Nachweispflicht. Auch Tarifverträge und Betriebs- oder Dienstvereinbarungen können eine solche Ersetzungsfunktion haben, § 2 Abs. 3 S. 1 NachwG.

3.   § 14 Abs. 4 TzBfG

Zwar bedarf gemäß § 14 Abs. 4 TzBfG die Befristung eines Arbeitsvertrages zu ihrer Wirksamkeit der Schriftform. Das Schriftformerfordernis betrifft aber nur die Befristungsabrede, nicht den Arbeitsvertrag selbst.

---

[166] Siehe ErfK/*Preis*, § 2 NachwG Rn. 1.
[167] Voraussetzung für einen Schadensersatzanspruch ist natürlich ein Schaden.

Beispiel

Sie vereinbaren mit AG mündlich ein Arbeitsverhältnis, das für ein Jahr befristet sein soll. Nach Ablauf des Jahres meint AG, das Arbeitsverhältnis ende gemäß § 15 Abs. 1 TzBfG automatisch „mit Ablauf der vereinbarten Zeit". Diese Auffassung ist falsch. Zwischen Ihnen und AG AN besteht ein unbefristetes Arbeitsverhältnis. Die mündliche Vereinbarung über das Arbeitsverhältnis ist wirksam, da der Abschluss eines Arbeitsvertrages keiner Schriftform bedarf. Die Vereinbarung über die Befristung ist jedoch unwirksam, da die Befristung eines Arbeitsvertrages zu ihrer Wirksamkeit gemäß § 14 Abs. 4 TzBfG der Schriftform bedarf. Ist die Befristung unwirksam, gilt gemäß § 16 Abs. 1 S. 1 TzBfG der befristete Arbeitsvertrag als auf unbestimmte Zeit geschlossen.

III. Zustandekommen eines Arbeitsvertrages ohne Willenserklärungen

Die für den Abschluss eines Arbeitsvertrages notwendigen Willenserklärungen können mündlich oder schriftlich abgegeben werden. In der Praxis wird regelmäßig ein schriftlicher Arbeitsvertrag geschlossen. In Ausnahmefällen kommt ein Vertrag aber auch ohne eine ausdrückliche Vereinbarung zustande.

1. § 24 BBiG

Ein Berufsausbildungsverhältnis endet nach § 21 Abs. 1 BBiG grds. mit dem Ablauf der Ausbildungszeit.[168] Beschäftigt der Arbeitgeber Auszubildende jedoch im Anschluss an das Berufsausbildungsverhältnis, so gilt gemäß § 24 BBiG ein Arbeitsverhältnis als auf unbestimmte Zeit begründet, ohne dass hierüber ausdrücklich etwas vereinbart werden muss.

---

[168] Zur Problematik des Begriffs „Ablauf der Ausbildungszeit" vgl. BAG vom 20.3.2018, 9 AZR 479/17.

Beispiel
A macht bei AG eine Ausbildung zur Rechtsanwaltsfachangestellten. A besteht die Abschlussprüfung. Nach Abschluss der Ausbildungszeit arbeitet A weiter bei AG, ohne dass sich beide über den Abschluss eines Arbeitsvertrages verständigen. Zwischen A und AG besteht damit ein Arbeitsverhältnis auf unbestimmte Zeit.

Beachte
Der Ausbildende kann diese Rechtsfolge vermeiden, wenn er zuvor ausdrücklich erklärt, dass er den Auszubildenden nach Beendigung der Ausbildung nicht weiter beschäftigen wolle.[169]

2. § 78a BetrVG

Endet das Berufsausbildungsverhältnis, ist der Arbeitgeber grds. nicht verpflichtet, Auszubildende in ein Arbeitsverhältnis zu übernehmen. Hat sich ein Auszubildender z. B. in einer Jugend- und Auszubildendenvertretung engagiert, könnte ein Arbeitgeber geneigt sein, diesen nicht weiter beschäftigen zu wollen. Dies könnte wiederum dazu führen, dass sich Auszubildende nicht in betriebsverfassungsrechtliche Gremien wählen lassen. In dieser Situation schützt § 78a BetrVG die Auszubildenden. Will der Arbeitgeber einen Auszubildenden, der Mitglied in einer in § 78a Abs. 1 BetrVG genannten Vertretung ist, nicht in ein Arbeitsverhältnis übernehmen, muss er dies drei Monate vor Ablauf des Ausbildungsverhältnisses dem Auszubildenden schriftlich mitteilen.

Beachte
Unterlässt der Arbeitgeber die Mitteilung, kommt ein Arbeitsverhältnis jedoch nur zustande, wenn der Auszubildende gemäß § 78a Abs. 2 BetrVG innerhalb der letzten drei Monate vor Beendigung der Ausbildung vom Arbeitgeber die Weiterbeschäftigung

---

[169] Siehe ErfK/*Schlachter*, § 24 BBiG Rn. 4.

schriftlich verlangt. Unterbleibt dieses Verlangen, entsteht kein Arbeitsverhältnis.[170]

3. § 14 Abs. 5 TzBfG

Wird das Arbeitsverhältnis nach Ende einer Befristung mit Wissen des Arbeitgebers fortgesetzt, so gilt es unter den weiteren Voraussetzungen des § 14 Abs. 5 TzBfG als auf unbestimmte Zeit verlängert.

4. Widerspruchslose Aufnahme der Arbeit

Der Abschluss eines Arbeitsvertrages kann ausdrücklich oder auch konkludent durch schlüssiges Verhalten erfolgen.

Beispiel
Der Standort eines Konzernunternehmens soll geschlossen werden. Für einen dort beschäftigten Arbeitnehmer wird eine andere Beschäftigungsmöglichkeit im Konzern gesucht, um ihn wohnortnah beschäftigen zu können. Der Arbeitnehmer erhält eine Willkommensinformation von seinem künftigen Arbeitgeber und erklärt sich mit Tätigkeit und Bezahlung einverstanden. Sodann nimmt der Arbeitnehmer seine Arbeit ohne schriftlichen Arbeitsvertrag auf und wird hierfür drei Monate lang vergütet.

Spätestens mit der Aufnahme der Arbeit gibt der Arbeitnehmer konkludent ein Angebot zum Abschluss eines Arbeitsvertrages ab. Dieses schlüssig abgegebene Angebot nimmt der Arbeitgeber durch widerspruchslose Annahme der Arbeitsleistungen an, ein Arbeitsvertrag kommt hierdurch zustande.[171]

---

[170] Zu den weiteren möglichen Rechtsfolgen siehe HaKo-BetrVG/*Lorenz*, § 78a Rn. 2.
[171] Vgl. zum Zustandekommen eines Arbeitsvertrages durch schlüssiges Verhalten LAG Schleswig-Holstein vom 07.08.2018, 1 Sa 23/18.

IV. Vernetzung/Praxisbezug

Wollen Sie einen Bewerber oder eine Bewerberin einstellen, liegen aber noch rechtliche Hindernisse vor, können Sie schon vorzeitig eine wechselseitige Bindung durch Abschluss eines Vorvertrages erzielen. Wollen Sie diese Bindung nicht, dennoch aber bereits zum Ausdruck bringen, dass Sie den Abschluss eines Arbeitsvertrages in Aussicht nehmen wollen, können Sie eine Absichtserklärung abgeben. Achten Sie jedoch darauf, dass sich aus dieser Erklärung wirklich nur die Absicht, unter bestimmten Bedingungen und nach Erfüllung weiterer Voraussetzungen einen Arbeitsvertrag abschließen zu wollen ist, ergibt. Je klarer Sie formulieren, desto weniger Risiken bestehen bei der Auslegung der Vereinbarung und desto weniger laufen Sie Gefahr, eine Verpflichtung zum Abschluss eines Vertrages einzugehen.

Obwohl für einen Arbeitsvertrag keine bestimmte Form vorgeschrieben ist, sollten Sie ihn stets schriftlich abschließen. Achten Sie bei befristeten Arbeitsverträgen auf die Schriftform des § 14 Abs. 4 TzBfG. Eine bloße mündliche Vereinbarung über die Vereinbarung einer Befristung führt gemäß § 16 Abs. 1 S. 1 TzBfG zu einem unbefristeten Arbeitsvertrag.

Führen Sie einen (elektronischen oder händischen) Kalender, in dem Sie sog. Rotfristen und Vorfristen[172] notieren. Enden Ausbil-

---

[172] Rotfristen nennt man in der anwaltlichen Tätigkeit Fristen, deren Versäumnis negative Rechtsfolgen nach sich ziehen. So beträgt z. B. die Frist zur Einlegung einer Berufung gegen das erstinstanzliche Urteil eines Arbeitsgerichts gem. § 66 Abs. 1 S. 1 ArbGG einen Monat. Sie ist eine sog. Notfrist und kann nicht verlängert werden. Versäumt man diese Frist ist die Berufung unzulässig. Aus diesem Grund vermerkt man derartige Fristen „rot" in einen Kalender. Um rechtzeitig

dungsverhältnisse oder befristete Arbeitsverträge, führt eine Weiterbeschäftigung regelmäßig zu einem unbefristeten Arbeitsverhältnis. Sie sollten sich daher frühzeitig entscheiden, ob Sie eine Weiterbeschäftigung wollen. Hier zeigt sich auch wieder der Bezug zu den §§ 186 ff BGB, die für die Berechnung der Fristen einschlägig sind.

V. Zusammenfassung

Im vorvertraglichen Stadium können Sie eine rechtliche Bindung bzw. Verpflichtung zum Abschluss eines Arbeitsvertrages durch einen Vorvertrag erzielen. Hiervon zu unterscheiden ist die bloße Absichtserklärung.

Arbeitsverträge können formfrei abgeschlossen werden. Die „Hürden" für das Zustandekommen eines Arbeitsvertrages sollen für den Arbeitnehmer möglichst niedrig sein. Die Vereinbarung einer Befristung unterliegt dagegen der Schriftform nach § 14 Abs. 4 TzBfG.

Arbeitsverträge können in Ausnahmefällen, z. B. nach § 14 Abs. 5 TzBfG, auch ohne Willenserklärungen zustande kommen.

über das weitere Vorgehen entscheiden zu können, sollten Sie eine Vorfrist notieren, die ein bis zwei Wochen vor Ablauf der Frist liegt. Diese erinnert Sie nochmals an die Frist.

6. Teil: Mängel beim Abschluss des Arbeitsvertrages

A. Einführung

Der in § 611a BGB geregelte Arbeitsvertrag ist eine besondere Form des Dienstvertrages. Für den Vertragsschluss gelten die §§ 145 ff BGB. Wie oben bereits dargestellt, gelten aufgrund des Klammerprinzips auch die sonstigen Vorschriften des Allgemeinen Teils des BGB für Arbeitsverträge, sofern sie nicht durch speziellere Normen verdrängt werden.

Verträge oder Vertragsteile können aus den unterschiedlichsten Gründen unwirksam sein bzw. werden, z. B.:

▶ Geschäftsunfähigkeit, § 104 BGB
▶ Verstoß gegen gesetzliche Formvorschriften, §§ 125 ff BGB,
▶ Verstoß gegen gesetzliche Verbote, § 134 BGB,
▶ Verstoß gegen die guten Sitten, § 138 BGB oder
▶ Anfechtung gemäß §§ 119 ff BGB.

Die praktisch wichtigste und auch prüfungsrelevanteste Konstellation ist die der Anfechtung des Arbeitsvertrages.

B. Die Anfechtung von Arbeitsverträgen

I. Vorstellungsgespräch und Anfechtung

1. Grundlagen

Nach Prüfung der Bewerbungsunterlagen wird der Arbeitgeber bestrebt sein, in einem Vorstellungsgespräch möglichst viel über den Bewerber zu erfahren. Dieses Interesse des Arbeitgebers steht dem Interesse des Bewerbers gegenüber, nicht über alle Umstände seiner Person Auskunft erteilen zu müssen. Die Rechte des Bewerbers werden insbesondere durch das informationelle Selbstbestimmungsrecht als Ausprägung des durch Art. 2 Abs. 1 GG i. V. m. Art. 1 Abs. 1 GG geschützten allgemeinen Persönlichkeitsrechts geschützt.[173] Unter datenschutzrechtlichen Gesichtspunkten wird dieses Recht in § 26 Abs. 1 und Abs. 3 BDSG konkretisiert. Danach dürfen personenbezogene Daten von Beschäftigten für die Zwecke des Beschäftigungsverhältnisses grundsätzlich nur verarbeitet werden, wenn dies für die Entscheidung über die Begründung eines Beschäftigungsverhältnisses erforderlich ist.

Diesen Interessengegensatz versucht das Arbeitsrecht durch die Beschränkung des Fragerechts des Arbeitgebers und den Offenbarungspflichten der Arbeitnehmer zu einem angemessenen Ausgleich zu bringen.

2. Fragerecht

Grundsätzlich sind Fragen dann zulässig, wenn sie einen Bezug zum Arbeitsverhältnis haben und ein schutzwürdiges Interesse des Arbeitgebers vorliegt, das den Interessen des Arbeitnehmers

---

[173] Vgl. BAG vom 15.11.2012, 6 AZR 339/11.

an dem Schutz seiner Privatsphäre und seinen Persönlichkeitsrechten überwiegt.

> *„Zur Anfechtung gem. § 123 Abs. 1 BGB berechtigt lediglich die wahrheitswidrige Beantwortung einer in zulässiger Weise gestellten Frage; eine solche setzt ein berechtigtes, billigenswertes und schutzwürdiges Interesse an der Beantwortung voraus ....*"[174]

Ist eine Frage unzulässig, ist der Bewerber nicht zur wahrheitsgemäßen Beantwortung verpflichtet, er hat ein „Recht zur Lüge". Ist die Frage zulässig, muss der Bewerber wahrheitsgemäß antworten. Antwortet er nicht wahrheitsgemäß und kommt es zum Abschluss des Arbeitsvertrages, kann der Arbeitgeber das Arbeitsverhältnis wegen arglistiger Täuschung gemäß § 123 Abs. 1 Alt. 1 BGB anfechten und/oder außerordentlich aus wichtigem Grund gemäß § 626 BGB kündigen.

3. Offenbarungspflichten des Arbeitnehmers
Grundsätzlich besteht im Vorstellungsgespräch keine Verpflichtung, von sich aus (ungefragt) auf für eine Einstellung ungünstige Tatsachen hinzuweisen. Auch ohne eine entsprechende Frage des Arbeitgebers kann der Arbeitnehmer aber ausnahmsweise verpflichtet sein, bestimmte Tatsachen zu offenbaren.

> *„Nach der Rechtsprechung des Bundesarbeitsgerichts ist eine Offenbarungspflicht des Arbeitnehmers an die Voraussetzung gebunden, daß die verschwiegenen Umstände dem Arbeitnehmer die Erfüllung der arbeitsvertraglichen Leistungspflicht unmöglich machen oder sonst für den in Betracht kommenden Arbeitsplatz von ausschlaggebender Bedeutung sind.*"[175]

---

[174] BAG vom 27.05.1997, 2 AZR 549/97.
[175] BAG vom 21.02.1991, 2 AZR 449/90.

Solche Offenbarungspflichten können z. B. sein:

▶ Leistungsunfähigkeit,
  ▶ wenn der Bewerber die geschuldete Tätigkeit dauerhaft nicht ausüben kann,
▶ Haftantritt,
  ▶ wenn der Bewerber eine langjährige Haft antreten muss.[176]

4. Einzelfälle

Jeweils im Einzelfall ist zu prüfen, ob eine Frage zulässig oder unzulässig ist.

Zulässig sind Fragen, die einen Bezug zu der zu besetzenden Stelle haben, also z. B.:

▶ berufliche Qualifikation,
▶ Prüfungsnoten,
▶ Bestehen eines nachvertraglichen Wettbewerbsverbotes,
▶ Bestehen eines früheren Arbeitsverhältnisses mit dem Arbeitgeber[177].

Unzulässig sind grundsätzlich Fragen, die sich auf die in § 1 AGG genannten Merkmale beziehen. Hierunter fallen z. B. Fragen

---

[176] Zu ungefragten Offenbarungspflichten vgl. weitergehend Schaub/*Linck*, § 26 Rn. 8 ff.
[177] Die Frage ist wichtig für die Einschätzung, ob ein befristetes Arbeitsverhältnis ohne sachlichen Grund nach § 14 Abs. 2 TzBfG zulässig wäre; vgl. BAG vom 23.01.2019, 7 AZR 161/15.

nach:

- Schwangerschaft (betrifft Geschlecht),
- sexuelle Identität bzw. Ausrichtung,
- Mitglied in Religionsgemeinschaft,
  Ausnahme:
  - konfessionelle Arbeitgeber (§ 9 AGG)
- Alter,
  Ausnahme:
  - berufliche Erfahrungen, auch wenn dies Rückschlüsse auf das Alter zulässt
- ethnische Herkunft bzw. Rasse,
  Ausnahme:
  - Sprachkenntnisse
- Behinderung,
  Ausnahmen:
  - in bestehenden Arbeitsverhältnissen nach sechs Monaten,[178]
  - wenn bestimmte körperliche Funktionen, geistige Fähigkeiten oder eine seelische Gesundheit Voraussetzung für die angestrebte Tätigkeit ist.

Beachte:
Der Arbeitgeber darf nur fragen, *"ob der Bewerber an gesundheitlichen, seelischen oder anderen Beeinträchtigungen leidet, durch die er für die Erfüllung der von ihm erwarteten arbeitsvertraglichen Pflichten ungeeignet ist."*[179]

---

[178] Siehe BAG vom 16.02.2012, 6 AZR 553/10.
[179] https://www.integrationsaemter.de/Fachlexikon/Offenbarung-der-Schwerbehinderung/77c412i1p/index.html; abgerufen am 31.07.2020

Außerhalb des Anwendungsbereichs des AGG sind z. B. Fragen unzulässig in Bezug auf:

▶ Raucher oder Nichtraucher,

▶ Vorstrafen,
Ausnahme:
   ▶ Vorstrafe ist für angestrebte Tätigkeit relevant

▶ Gewerkschaftsmitgliedschaft,
   ▶ unzulässig bei Einstellungsgesprächen
Ausnahmen:
   ▶ sog. Tendenzbetriebe oder kirchliche Einrichtungen (§ 118 BetrVG)
   ▶ in tarifpluralen Betrieben kann die Frage zulässig sein.[180]

II. Voraussetzungen des Anfechtungsrechts

1. Einführung

Die Voraussetzungen für eine Anfechtung sind auch im Arbeitsrecht:

▶ Anfechtungserklärung, § 143 BGB,
▶ Anfechtungsgrund, §§ 119, 123 BGB,
▶ Anfechtungsfrist, § 124 BGB.

Rechtsfolge einer wirksamen Anfechtung ist im Arbeitsrecht, abweichend vom „normalen" Zivilrecht (§ 142 Abs. 1 BGB), aber grundsätzlich eine Nichtigkeit ex nunc.

---

[180] Str., vgl. BAG vom 18.11.2014, 1 AZR 257/13.

Neben der Anfechtung kann das Arbeitsverhältnis auch (zusätzlich) außerordentlich nach § 626 BGB gekündigt werden. Beide Rechte können also grundsätzlich kumulativ geltend gemacht werden.[181]

> **Beachte**
> Beide Rechte haben unterschiedliche Voraussetzungen. Ob also auch ein Grund für eine außerordentliche Kündigung vorliegt, ist nach § 626 BGB zu beurteilen.

2. Anfechtungserklärung

Hier gibt es im Arbeitsrecht keine Besonderheiten. Anfechtungsgegner ist bei den oben dargestellten Konstellationen der Arbeitnehmer, § 143 Abs. 1, 2 HS 1 BGB. Die Anfechtung kann formlos erfolgen, sollte in der Praxis aber natürlich stets den Anforderungen an die Schriftform genügen.

3. Anfechtungsgründe

Als Anfechtungsgründe sind in der Praxis meist nur § 119 Abs. 2 und § 123 Abs. 1 BGB relevant. § 119 Abs. 1 BGB kommt i. d. R. nur bei Prozessvergleichen zur Anwendung.[182]

a. § 119 Abs. 2

Hat sich der Arbeitgeber über eine verkehrswesentliche Eigenschaft des Arbeitnehmers geirrt, kann er nach § 119 Abs. 2 anfechten.

---

[181] Siehe ErfK/*Preis*, § 611a BGB Rn. 345. Zum Nebeneinander der beiden Rechte vgl. auch BAG vom 07.07.2011, 2 AZR 396/10.
[182] Die Voraussetzungen des § 119 Abs. 1 BGB weisen im Arbeitsrecht keine Besonderheiten auf. Zum Irrtum über den Inhalt eines Prozessvergleichs vgl. z. B. BAG vom 24.04.2018, 8 AZR 429/12.

„Zu den verkehrswesentlichen Eigenschaften einer Person zählen nämlich in erster Linie die natürlichen Persönlichkeitsmerkmale, als auch solche tatsächlichen und rechtlichen Verhältnisse, die infolge ihrer Beschaffenheit und vorausgesetzten Dauer nach den Anschauungen des Verkehrs Einfluß auf die Wertschätzung der Person in dem bestimmten Rechtsverhältnis ausüben."[183]

Verkehrswesentliche Eigenschaften können im Arbeitsrecht u. a. sein:

▶ Ehrlichkeit bzw. Vertrauenswürdigkeit, wenn solche Eigenschaften für die Tätigkeit erforderlich sind,

   ▶ z. B. Kassiererin hat Vorstrafen aus dem Bereich der Vermögensdelikte, sofern die Vorstrafe gemäß §§ 51, 52 BZRG aus dem Bundeszentralregister noch nicht gelöscht ist

▶ Krankheit, wenn diese die Ausübung der geschuldeten Tätigkeit nicht nur vorübergehend unmöglich macht.

Keine verkehrswesentliche Eigenschaften sind z. B.

▶ Schwangerschaft, da diese nur ein vorübergehender Zustand ist,

▶ Gewerkschaftsmitgliedschaft, da über Art. 9 Abs. 3 GG geschützt.

b. **§ 123 Abs. 1 BGB**
aa. **§ 123 Abs. 1 Alt. 1 BGB**
Wie oben dargestellt, spielt die arglistige Täuschung nach § 123 Abs. Alt. 1 BGB häufig in Bewerbungsgesprächen beim

---

[183] BAG vom 21.02.1991, 2 AZR 449/90.

Fragerecht eine Rolle. Darf ein Arbeitnehmer bestimmte Tatsachen verschweigen oder hierüber falsche Angaben machen? Ist die Frage zulässig und beantwortet der Bewerber diese nicht wahrheitsgemäß, kann der Arbeitgeber, bei Vorliegen der weiteren Voraussetzungen, das Arbeitsverhältnis wegen arglistiger Täuschung anfechten.

Die falsche Beantwortung einer dem Arbeitnehmer bei der Einstellung zulässigerweise gestellten Frage kann den Arbeitgeber nach § 123 Abs. 1 BGB dazu berechtigen, den Arbeitsvertrag wegen arglistiger Täuschung anzufechten, wenn die Täuschung für dessen Abschluss ursächlich war.[184]

Unter Täuschung versteht man das Vorspiegeln falscher Tatsachen. Arglistig ist eine Täuschung, wenn der Erklärende wusste oder erkennen musste, dass die von ihm verschwiegene oder falsch dargestellte Tatsache für die Entscheidung zur Begründung des Arbeitsverhältnisses wesentlich war. Die Täuschung muss sich auf Tatsachen beziehen, die objektiv nachprüfbar sind. Werturteile reichen nicht aus.

Eine Täuschung kann durch positives Tun erfolgen, aber auch in einem Unterlassen liegen. Letzteres liegt dann vor, wenn der Täuschende zur Offenbarung einer Tatsache verpflichtet war, diese aber unterlässt, d. h. die relevanten Tatsachen verschweigt.

---

[184] BAG vom 20.03.2014, 2 AZR 1071/12.

Eine solche Pflicht ist an die Voraussetzung gebunden, dass die betreffenden Umstände entweder dem Bewerber die Erfüllung seiner vorgesehenen arbeitsvertraglichen Leistungspflicht von vornherein unmöglich machen oder doch seine Eignung für den in Aussicht genommenen Arbeitsplatz entscheidend berühren.[185]

Beachte
Der Begriff „widerrechtlich" bezieht sich nach dem Wortlaut des § 123 Abs. 1 Alt. 2 BGB nur auf die Drohung. Auch bei der arglistigen Täuschung nach § 123 Abs. 1 Alt. 1 BGB bedarf es als ungeschriebenes Tatbestandsmerkmal einer Rechtswidrigkeit.[186]

Liegt ein Rechtfertigungsgrund vor, d. h. war die befragte Person zur Täuschung berechtigt, fehlt es an einer Widerrechtlichkeit. Bezogen auf das Fragerecht bei Einstellungen bedeutet dies, dass die wahrheitswidrige Beantwortung einer Frage nur dann widerrechtlich i. S. d. § 123 Abs. 1 Alt. 1 BGB ist, wenn sie auf eine in zulässiger Weise gestellte Frage erfolgt. Handelt es sich um eine unzulässige Frage, besteht ein „Recht zur Lüge". In diesem Fall kann ein Arbeitnehmer, ohne Sanktionen zu befürchten, die Frage wahrheitswidrig beantworten.

bb. § 123 Abs. 1 Alt. 2 BGB
Eine Anfechtung nach § 123 Abs. 1 Alt. 2 BGB kommt insbesondere dann in Betracht, wenn ein Arbeitgeber einem Arbeitnehmer mit einer außerordentlichen Kündigung und der Erstattung einer Strafanzeige droht, um ihn zum Abschluss eines Aufhebungsvertrages oder Schuldanerkenntnisses zu bewegen.

---

[185] BAG vom 20.03.2014, 2 AZR 1071/12.
[186] Siehe hierzu ErfK/*Preis*, § 611a BGB Rn. 361.

Eine Drohung i. S. d. § 123 Abs. 1 Alt. 2 BGB ist die Ankündigung eines zukünftigen Übels.

> *„Die Widerrechtlichkeit der Drohung kann sich aus der Wider-*
> *rechtlichkeit des eingesetzten Mittels oder des verfolgten Zwecks*
> *ergeben. Bedient sich der Drohende zwar an sich erlaubter Mittel*
> *zur Verfolgung eines an sich nicht verbotenen Zwecks, kann sich*
> *die Widerrechtlichkeit aus der Inadäquanz, dh. der Unangemes-*
> *senheit des gewählten Mittels im Verhältnis zum verfolgten Zweck*
> *ergeben. Hat der Drohende an der Erreichung des verfolgten*
> *Zwecks kein berechtigtes Interesse oder ist die Drohung nach*
> *Treu und Glauben nicht mehr als angemessenes Mittel zur Errei-*
> *chung dieses Zwecks anzusehen, ist die Drohung ebenfalls*
> *rechtswidrig."*[187]

Nach Auffassung des BAG sei die Drohung mit einer Strafanzeige rechtmäßig, wenn sie nur dazu diene, den Täter zur Wiedergut-machung des Schadens zu veranlassen. Eine solche Drohung sei nicht widerrechtlich, da das Mittel, also das angedrohte Verhalten und der Zweck, die Schadenswiedergutmachung, verhältnismä-ßig seien. Die Drohung mit einer außerordentlichen Kündigung sei allerdings dann widerrechtlich, wenn ein verständiger Arbeitgeber eine solche Kündigung nicht ernsthaft in Erwägung ziehen durfte.[188]

Beachte
Droht der Arbeitgeber mit einer Strafanzeige und außerordentli-cher Kündigung, um den Arbeitnehmer zum Abschluss eines Auf-hebungsvertrages und/oder zur Unterzeichnung eines Schuldan-erkenntnisses zu bewegen, kommt es für die Widerrechtlichkeit in erster Linie darauf an, ob ein verständiger Arbeitgeber eine solche

---

[187] BAG vom 21.04.2016, 8 AZR 474/14.
[188] BAG vom 22.07.2010, 8 AZR 144/09.

Kündigung ernsthaft in Erwägung ziehen durfte. Ob die Kündigung bei der Überprüfung in einem späteren Kündigungsschutzprozess wirksam wäre, ist nicht relevant.

4. Anfechtungsfrist

Hinsichtlich der Anfechtungsfristen gibt es nur einige wenige arbeitsrechtlichen Besonderheiten.

Eine Anfechtung nach §§ 119, 120 BGB hat nach § 121 Abs. 1 S. 1 BGB unverzüglich, d. h. ohne schuldhaftes Zögern, zu erfolgen. Was „ohne schuldhaftes Zögern" bedeutet, richtet sich nach den Umständen des Einzelfalls.[189] So ist z. B. die Zurückweisung einer Kündigungserklärung nach mehr als einer Woche ohne Vorliegen besonderer Umstände des Einzelfalls nicht mehr unverzüglich i. S. d. § 174 S. 1 BGB.[190]

Da sich Anfechtung und außerordentliche Kündigung nicht ausschließen, sondern nebeneinander ausgesprochen werden können, hat das BAG die Frist des § 121 Abs. 1 S. 1 BGB der Frist des § 626 Abs. 2 BGB „angeglichen". Die in § 626 Abs. 2 BGB enthaltene Ausschlussfrist für den Ausspruch einer außerordentlichen Kündigung aus wichtigem Grund könne zur zeitlichen Konkretisierung des in § 121 Abs. 1 BGB verwandten unbestimmten Rechtsbegriffs „unverzüglich" herangezogen werden.

„Danach ist eine Anfechtung des Arbeitsvertrags wegen Irrtums über eine verkehrswesentliche Eigenschaft des Arbeitnehmers

---

[189] Siehe BAG vom 08.12.2011, 6 AZR 354/10.
[190] So BAG vom 05.12.2019, 2 AZR 147/19.

(§ 119 Abs. 2 BGB) nur dann "unverzüglich" erklärt, wenn sie spätestens innerhalb einer Frist von zwei Wochen nach Kenntnis der für die Anfechtung maßgebenden Tatsachen erfolgt."[191]

Dieser Maßstab ist aber nicht auf die Frist des § 124 Abs. 1 BGB anzuwenden. Bei Drohung oder arglistiger Täuschung bleibt es bei der Jahresfrist. Die Frist beginnt, wenn der Anfechtende positive Kenntnis von der Täuschung hat.[192]

III. Rechtsfolgen der Anfechtung
1. Das fehlerhafte/faktische Arbeitsverhältnis

Wird ein anfechtbares Rechtsgeschäft erfolgreich angefochten, ist es nach „normalem Zivilrecht" grundsätzlich gemäß § 142 Abs. 1 BGB von Anfang an (rückwirkend, ex tunc) nichtig. Rechtsfolge ist eine Rückabwicklung der wechselseitig gewährten Leistungen nach den §§ 812 ff BGB, da kein „rechtlicher Grund" für die Leistungen vorlag. Ist eine Herausgabe nicht möglich, ist nach § 818 Abs. 2 BGB Wertersatz zu leisten.

Beispiel
Sie kaufen von V ein gebrauchtes Motorrad. Sowohl im Inserat als auch im Kaufvertrag versichert V, der Kilometerstand betrage nur 8000. Zufällig treffen Sie den Erstbesitzer. Dieser sagt Ihnen, er habe das Motorrad an V veräußert und darauf hingewiesen, dass der Kilometerstand schon 60000 betrage. V habe wohl den Kilometerzähler „zurückgedreht". Sie fechten den Kaufvertrag wirksam an. Dieser ist von Anfang an nichtig.[193] Da es durch die rück-

---

[191] BAG vom 19.05.1983, 2 AZR 171/81 unter Hinweis auf BAG vom 14.12.1979, 7 AZR 38/78.
[192] Vgl. weitergehend ErfK/*Preis*, § 611a BGB Rn. 363.
[193] Auf die Frage einer Fehleridentität zwischen Verpflichtungs- und Verfügungsgeschäft kann hier nicht weiter eingegangen werden.

wirkende Nichtigkeit zu keinem Zeitpunkt eine wirksame Rechts- grundlage für den Kauf gab, sind die wechselseitig erbrachten Leistungen gemäß § 812 Abs. 1 S. 1 Alt. 1 BGB im Wege der Leistungskondiktion rückabzuwickeln. Sie geben das Motorrad an V zurück (Rückübertragung des Eigentums) und erhalten dafür den gezahlten Kaufpreis, ggf. abzüglich einer Nutzungsentschä- digung.

Diese Rechtsfolgen werden jedoch den Besonderheiten des Ar- beitsrechts nicht gerecht. Während man ein Auto zurückgeben o- der eine Mietsache herausgeben kann, können vom Arbeitnehmer erbrachte Arbeitsleistungen nicht nach §§ 812 ff BGB herausge- geben oder zurückgewährt werden. Auch würde eine Nichtigkeit „ex tunc", wie sie § 142 Abs. 1 BGB vorsieht, die Anwendung von Arbeitnehmerschutzvorschriften ausschließen. So müsste z. B. ein Arbeitnehmer einen während der Zeit seiner Beschäftigung er- haltenen Urlaub oder eine Entgeltfortzahlung im Krankheitsfall herausgeben.

Beachte
Bei der Nichtigkeit eines Arbeitsvertrages aufgrund einer erfolg- reichen Anfechtung richten sich Rechtsfolgen daher nicht nach all- gemeinen zivilrechtlichen Regelungen. Entgegen § 142 Abs. 1 BGB hat eine Anfechtung im Arbeitsrecht grundsätzlich keine Wir- kung ex tunc, sondern wirkt nur für die Zukunft (ex nunc).[194] Das Arbeitsverhältnis wird für die Dauer der Vollziehung grundsätzlich wie ein wirksames Arbeitsverhältnis behandelt, d. h. es erfolgt, an- ders als im normalen Zivilrecht, keine Rückabwicklung der ge- währten Leistungen. Dementsprechend kann der Arbeitgeber i. d. R. auch nicht den gezahlten Lohn zurückfordern. Diese Rechtsfigur bezeichnet man als fehlerhaftes oder faktisches Ar- beitsverhältnis.

---

[194] Zur Unterscheidung zwischen ex tunc und ex nunc kann eine „Eselsbrücke" helfen – ex nunc = von nun an.

Die Grundsätze des fehlerhaften Arbeitsverhältnisses sind unter den nachfolgend dargestellten Voraussetzungen anwendbar. Liegen diese Voraussetzungen nicht vor, bleibt es bei der „normalen" Rückabwicklung nach Bereicherungsrecht.

a.   Fehlerhaftes bzw. anfechtbares Arbeitsverhältnis
Zunächst müssen die Voraussetzungen für die Anfechtung erfüllt sein. Liegen eine Anfechtungserklärung und ein Anfechtungsgrund vor? Wurde die Anfechtung fristgerecht erklärt?

b.   Invollzugsetzung des Arbeitsverhältnisses
Die Rechtsfigur des fehlerhaften Arbeitsverhältnisses resultiert aus der Tatsache, dass Arbeitsleistungen i. d. R. nicht herausgegeben werden können. Hat der Arbeitnehmer aber keine Arbeitsleistungen erbracht, stellt sich dieses Problem nicht.

> **Beachte**
> Fehlt es an einer solchen Invollzugsetzung, wird der Arbeitsvertrag mit der Wirkung des § 142 Abs. 1 BGB von Anfang an, also ex tunc, nichtig.

Besonderheiten bestehen zudem dann, wenn der Arbeitnehmer zu einem späteren Zeitpunkt keine Arbeitsleistungen mehr erbringt.

> **Beispiel**
> Aufgrund arglistiger Täuschung schließt AG mit AN einen Arbeitsvertrag. AN arbeitet sechs Monate und wird dann arbeitsunfähig. Zwei Wochen später erfährt AG von der Täuschung und erklärt wirksam die Anfechtung des Arbeitsvertrages.

Da AN ab dem Zeitpunkt der Arbeitsunfähigkeit keine Arbeitsleistungen mehr erbrachte, tragen die Überlegungen zum fehlerhaften Arbeitsverhältnis nicht. Das Arbeitsverhältnis wurde mit der Erkrankung „außer Vollzug gesetzt". Die Anfechtung wirkt also insoweit ex tunc, d. h. auf den Zeitpunkt der Erkrankung zurück. Ab diesem Zeitpunkt hat AN weder Vergütungs- noch Entgeltfortzahlungsansprüche.

> *"Stellt man nunmehr entscheidend auf den Hauptgrund für ... eine ex-nunc-Wirkung der Anfechtung im Arbeitsverhältnis ab, nämlich die Schwierigkeit, wenn nicht Unmöglichkeit, die beiderseits erbrachten Leistungen nach Bereicherungsgrundsätzen rückabzuwickeln, dann liegt dieser Grund ... dann gerade nicht vor, wenn der Arbeitnehmer infolge krankheitsbedingter Arbeitsunfähigkeit nicht gearbeitet hat, weil dann keine Arbeitsleistung erbracht ist, die nicht zurückgewährt werden kann. ... Auch der Gesichtspunkt des Arbeitnehmerschutzes trägt nicht. Wer den Abschluss des Arbeitsvertrages durch eine arglistige Täuschung erschlichen hat, kann nicht darauf vertrauen, dass das Arbeitsverhältnis auch für die Zeit, in der es nicht mehr praktiziert worden ist, bis zur Anfechtungserklärung des Arbeitgebers als rechtsbeständig behandelt wird. Würde man der Anfechtung auch in einem solchen Falle nur Wirkung für die Zukunft beilegen, so würde man dem Täuschenden damit zu einem unbilligen und durch nichts zu rechtfertigenden Vorteil verhelfen."*[195]

c. Keine überwiegenden anderweitigen Interessen

In seltenen Fällen können übergeordnete Gesichtspunkte, z. B. nach § 134 Abs. 1 BGB, eine Anwendung der Grundsätze des fehlerhaften Arbeitsverhältnisses ausschließen.

---

[195] BAG vom 03.12.1998, 2 AZR 754/97.

Beispiel
AN legt beim Vorstellungsgespräch gefälschte Unterlagen vor und wird als Arzt in einem Krankenhaus eingestellt. AN hat bei Abschluss des Arbeitsvertrages weder eine Approbation noch eine sonstige Erlaubnis für eine Arzttätigkeit. Er arbeitet ein Jahr als Arzt, dann erlangt AG Kenntnis von der Täuschung und erklärt die Anfechtung.

Das BAG hielt in einem solchen Fall den Arbeitsvertrag nach § 134 BGB für nichtig. Eine Anwendung der Grundsätze des fehlerhaften Arbeitsverhältnisses komme nicht in Betracht.

"Von einem "faktischen" (besser: "fehlerhaften") Arbeitsverhältnis wird gesprochen, wenn der Arbeitnehmer Arbeit ohne wirksame Vertragsgrundlage geleistet hat ..... Die Nichtigkeit eines Arbeitsverhältnisses hat in der Regel keine rückwirkende Kraft. Es ist für den Zeitraum, in dem es trotz der ihm anhaftenden Mängel in Funktion gesetzt war, wie ein fehlerfrei zustande gekommenes Arbeitsverhältnis zu behandeln. Ausnahmen bestehen im Falle eines besonders schweren Mangels. Hier ist die Nichtigkeit des Arbeitsverhältnisses in vollem Umfang zu beachten; die erbrachten Leistungen werden nach Bereicherungsrecht rückabgewickelt ... . Beim Verstoß gegen ein gesetzliches Verbot ergibt sich die Rechtsfolge aus Sinn und Zweck des Verbotsgesetzes. ... Nach diesen Grundsätzen kommt im Falle der von Anfang an fehlenden Approbation kein "faktisches Arbeitsverhältnis", sondern nur die rückwirkende Nichtigkeit in Betracht. Durch die strafbare Praktizierung des Arbeitsvertrags kann keine "Heilung" für die Vergangenheit eintreten; denn die Arbeitsleistung ist schon nach ihrer Art rechts- und gesetzeswidrig und eine Schutzwürdigkeit unter Vertrauensgesichtspunkten besteht nicht. Der Beklagte war sich der Strafbarkeit seines Tuns bewusst. Die durch das Verbotsgesetz beabsichtigte Spezial- und Generalprävention schließt es aus, wirksame vertragliche Ansprüche für die Vergangenheit anzuerkennen."[196]

---

[196] BAG vom 03.11.2004, 5 AZR 592/03.

2. Schadensersatzansprüche

Bei einer Anfechtung nach § 119 BGB hat der Anfechtende den Schaden zu ersetzen, den der andere (der Anfechtungsgegner) dadurch erleidet, dass er auf die Gültigkeit der Erklärung vertraut. Hiermit ist der sog. Vertrauensschaden, d. h. das negative Interesse, gemeint. Der Anfechtende muss den Anfechtungsgegner so stellen, wie dieser stünde, wenn er nie von der angefochtenen Erklärung gehört hätte.[197]

Bei einer Anfechtung wegen Drohung oder arglistiger Täuschung nach § 123 Abs. 1 BGB ist der Anfechtungsgegner dem Anfechtenden zum Schadensersatz nach §§ 311 Abs. 2, 280 Abs. 1 BGB verpflichtet. Darüber hinaus besteht eine Schadensersatzplicht aus Deliktsrecht gemäß § 823 Abs. 2 BGB i. V. m. § 263 StGB bzw. § 826 BGB.

Beachte
Da sich bei § 119 BGB der Anfechtende geirrt hat, also er den „Anlass" für die Anfechtung gegeben hat, ist er dem Anfechtungsgegner, der auf die Gültigkeit der Willenserklärung vertraut hat, zum Schadensersatz verpflichtet. Bei der Anfechtung nach § 123 BGB liegt die Ursache für die Anfechtung im Verantwortungsbereich des Täuschenden bzw. Drohenden. Daher muss hier der Anfechtungsgegner dem Anfechtenden Schadensersatz leisten.

IV. Vernetzung/Praxisbezug

Beim Fragerecht in Bewerbungsgesprächen werden Regelungen aus GG, AGG, BGB sowie arbeitsrechtlichen Besonderheiten relevant. Obwohl es eigentlich zum arbeitsrechtlichen Grundwissen

---

[197] So ErfK/*Preis*, § 611a BGB Rn. 365; Palandt/*Ellenberger*, § 122 BGB Rn. 4; jeweils m. w. Nw.

gehört, kommt es immer wieder vor, dass in Bewerbungsgesprächen unzulässige Fragen gestellt werden. Führen Sie daher für sich eine Liste unzulässiger Fragen mit den entsprechenden Ausnahmen und aktualisieren Sie diese laufend.

Anfechtung und außerordentliche Kündigung können nebeneinander ausgesprochen werden. In der Praxis wird man dies auch regelmäßig machen. Gegenüber der außerordentlichen Kündigung hat die Anfechtung u. a. folgende Vorteile:

Vorteile Anfechtung ggü. außerordentlicher Kündigung

Anfechtung	Außerordentliche Kündigung
• bei §123 BGB Jahresfrist des §124 Abs.1 BGB	• Zweiwochenfrist des § 626 Abs. 2 BGB
• kein besonderer Kündigungsschutz (z. B. § 17 KSchG)	• Besonderer Kündigungsschutz
• keine Betriebsratsanhörung	• Beteiligung Betriebsrat
• keine Kündigungsschutzklage	• Zustimmung erforderlich, z. B durch Integrationsamt
• keine Zustimmungserfordernisse, z. B. bei Schwerbehinderten	

Wurde also die Frist des § 626 Abs. 2 BGB versäumt, kann der Arbeitgeber den Arbeitsvertrag bzw. seine hierauf gerichteten Willenserklärungen immer noch anfechten.

Beachte
Anfechtung und außerordentliche Kündigung haben unterschiedliche Voraussetzungen. Sie müssen in einer Klausur also stets das jeweilige Aufbauschema verwenden. Die Anforderungen an einen wichtigen Grund i. S. d. § 626 Abs. 1 BGB sind anders als diejenigen für einen Anfechtungsgrund. Sind alle weiteren Voraussetzungen erfüllt, wird man i. d. R. aber dennoch zu einem identischen Ergebnis kommen.

V. Zusammenfassung

Das Interesse des Arbeitgebers an möglichst umfangreichen Informationen über die Bewerber und deren Interesse am Schutz ihrer persönlichen Daten müssen zu einem angemessenen Ausgleich gebracht werden. Dies erfolgt einerseits durch eine Beschränkung des Fragerechts des Arbeitgebers in Vorstellungsgesprächen. Andererseits hat der Arbeitnehmer in Ausnahmefällen die Pflicht, ungefragt für ihn ungünstige Tatsachen zu offenbaren.

Ist eine Frage unzulässig, besteht ein Recht zur Lüge. Ein Anfechtungsgrund liegt dann nicht vor. Ist eine Frage zulässig, besteht die Pflicht zur Wahrheit. Bei einer Lüge liegt regelmäßig ein Anfechtungsgrund vor.

Voraussetzungen für eine wirksame Anfechtung sind eine Anfechtungserklärung, ein Anfechtungsgrund und die Einhaltung der Anfechtungsfrist.

Grundsätzlich führt die wirksame Anfechtung eines Rechtsgeschäfts zu einem Rückabwicklungsverhältnis nach den §§ 812 ff BGB. In Arbeitsverhältnissen kann die Arbeitsleistung aber nicht zurückgegeben werden. Die Anfechtung eines Arbeitsvertrages bzw. der entsprechenden Willenserklärungen führt daher i. d. R. zu einem faktischen/fehlerhaften Arbeitsverhältnis. Die Anfechtung wirkt ex nunc. Bis zum Zeitpunkt des Zugangs der Anfechtungserklärung wird das Arbeitsverhältnis wie ein wirksames Arbeitsverhältnis behandelt.

Hinweis zu weiteren Bänden der Reihe AR-BEITSRECHT effektiv

Band 5, Teilband 2, beschreibt den Inhalt von Arbeitsverträgen, die Problematik der Vergütung ohne Arbeitsleistung und die Haftungsverhältnisse im Arbeitsrecht. Band 5, Teilband 3, erläutert die Möglichkeiten der Beendigung/Kündigung von Arbeitsverhältnissen und stellt die Grundzüge des Arbeitsgerichtsverfahrens dar. Beide Bände erscheinen voraussichtlich Anfang 2021.

Zeitfracht Medien GmbH
Ferdinand-Jühlke-Straße 7
99095 Erfurt, Deutschland
produktsicherheit@kolibri360.de